De la medicación a la relajación

Lourdes Garrido Mayo

Composición musical del audio:
Jairo Palacio Casaprima
Voz del audio:
Lourdes Garrido Mayo

Enlace para descargar el audio:
http://goo.gl/LCpFhU

© Lourdes Garrido Mayo. Gijón (Asturias). 2014

Primera edición 2014

Título: De la medicación a la relajación
Autor: Lourdes Garrido Mayo
Maquetación libro: María José Castro Silva
Composición musical y grabación: Jairo Palacio Casaprima
Voz: Lourdes Garrido Mayo
Masterización: Xel Pereda. Estudios Mundo Sonoro S.L.
Fotografía y diseño de la cubierta: Manuel Acebal
Fernández
Maquetación gráfica de las portadas: Cízero digital

I.S.B.N.: 978-84-616-7583-8
Depósito legal: AS-03829-2013

A toda mi familia

Quiero agradecer en especial la ayuda prestada por Manuel Acebal Fernández con la fotografía de la portada de este libro y su diseño.

A mi amiga Maria José Castro Silva, de la que he tenido todo el apoyo personal y profesional para el diseño gráfico y maquetación del libro.

A Belar Sastre Díaz e Irene Ana Escribano Fuentes por su apoyo musical y personal.

A Jairo Palacio Casaprima haciendo que cada sonido del audio llegue con cariño y cumpla su objetivo de serenar la mente.

También a todas aquellas personas que me han apoyado para que este libro salga a la luz como Jose Manuel Ruiz Álvarez, de quien tomé la idea del título de este libro y por sus sugerencias y la esmerada revisión de los capítulos. También a Ignacio Gallego de Lerma y Mariluz López Fernández, quienes me han ofrecido gran apoyo en la red de internet. A Andrew Trevor Plumb por su esmero y profesionalidad al hacer mi retrato.

Por último a todas aquellas personas que acuden a mis clases de relajación y que tanto me han aportado para seguir mejorando y tanto apoyo y ánimo he recibido para que escribiera este libro y grabara la guía de relajación, en especial a esa bonita comunidad de Proyecto Fresneda con Valentín Pérez García y María Teruchi Fernández Secas.

ÍNDICE

RELAJACIÓN FÍSICA

RELAJACIÓN MENTAL

APLICACIONES PRÁCTICAS

PRÓLOGO

Mi gran pasión siempre ha sido poder conocer en profundidad cómo funciona la mente. Esto me llevó a estudiar psicología mientras, en mi vida, mi curiosidad me llevaba por diferentes caminos aprendiendo otro tipo de lecciones también muy importantes.

En 1992 descubrí el libro Relajación Creativa del psiquiatra Eugenio Herrero Lozano, entonces empecé a practicar diariamente el entrenamiento en relajación basado en las técnicas clásicas y aderezado por la creatividad tal y como proponía este autor.

Esto fue para mí un comienzo de algo importante: la construcción dentro de mí de un espacio que me diera satisfacciones que no dependieran de nada ni de nadie, sólo de mí, eso fue muy revelador, y así comencé a cimentar una de las bases de mi bienestar.

Fui aplicando e integrando a mi práctica otras herramientas que me iba encontrando por el camino, maneras también útiles de visualizar y de facilitar el desarrollo de la imaginación y con ello potenciar la solución de problemas que iban apareciendo en mi vida. Todo lo que iba encontrando a mi paso, junto con herramientas aprendidas de la psicología, fui integrándolo en mi práctica de la relajación y en mi propia vida.

En 2001 tuve la oportunidad de comenzar a aplicarlo profesionalmente con diferentes grupos, al enseñar se aprende y es así como encontré mi propia forma de hacer las cosas, ayudándome a mejorar y a completar este método de Relajación Integrativa que aquí presento.

Un día navegando por internet, en el año 2008, descubrí un prolífico autor, Ken Wilber, creador del Modelo Integral, quien escribía sobre Psicología Integral, es decir la manera de tomar lo mejor de cada escuela en psicología, siendo conscientes de las limitaciones de cada una de ellas, para que la planificación del tratamiento, en la práctica de la psicoterapia, resulte lo más efectiva posible. Cada escuela en psicología constituye una verdad parcial que resalta alguno de los ámbitos del ser humano, como la conducta, los pensamientos, las emociones o el inconsciente, cada una de ellas supone una pieza importante del puzzle. Fue sorprendente leer textos tan clarificadores donde quedaba reflejada una visión completa e integrada de la realidad.

De esta manera puede entenderse al ser humano de forma multidimensional, cada persona tiene diferentes ámbitos como la conducta, los pensamientos, las emociones, el inconsciente, las creencias, la biología, el cuerpo, la familia o el grupo social. Todo ello es tenido en cuenta sin aumentar ni disminuir la importancia que cada ámbito tiene, sino dando a cada uno su sitio, y siendo así conscientes tanto de las virtudes como de las limitaciones de cada escuela en psicología.

Este fue un momento importante en mi vida pues era justo lo que estaba buscando, me sentía muy identificada con esa forma de ver las cosas, descubriendo más tarde que algunos autores importantes dentro de la psicología académica como Theodore Millon hablaban ya de cómo las terapias integracionistas eran el futuro de la psicología.

Y parece que así es, pues proliferan cursos y masters que llevan la palabra *integral* o en alguna de sus variantes. Esto es muy significativo y muestra una intención de hacer terapias con una filosofía más integradora, en la que no hace falta entender de todo sino que, desde el ámbito en el que un terapeuta tenga dominio, pueda practicar su profesión con una mentalidad abierta y respetuosa, atendiendo a lo que la persona demanda y viendo cuáles son las necesidades que expresa y así adaptar la terapia a sus necesidades.

Sentía alegría al comprobar que el mundo de la psicología iba tomando ese rumbo, al menos en parte, y que además coincidía con mi forma de ver la práctica de esta profesión.

Poco a poco, en cada curso y taller de relajación que impartía iba enriqueciéndome y completando el método para que resultara una herramienta completa y eficaz, mi aprendizaje y práctica del uso de la técnica vocal, como cantante, fueron también ayudándome a mejorar el desarrollo de mis clases y cursos, aprendiendo a modular la voz hablada para facilitar a los alumnos la entrada al estado de relajación. Finalmente tuve la necesidad de escribir este libro donde se conjugan muchas cosas que conforman un puzzle, para mí con mucho sentido.

Mi intención es que sirva a toda aquella persona que quiera aprender un poco más de sí misma, que quiera aprender a darse un respiro, si no es capaz de parar en su estrés diario, que quiera aprender estrategias para canalizar mejor todas sus emociones. También a cualquier profesional que trabaje en el ámbito de la salud y quiera enseñárselo a las personas que trata de ayudar, para que su sufrimiento sea menor. Para personas que de una u otra manera soportan una sobrecarga de responsabilidad al estar cuidando de algún familiar enfermo. Y para personas que tratan de abrirse camino en el ámbito laboral, ya sea emprendiendo con su propia iniciativa o por cuenta ajena, para que pueda dosificar sus fuerzas, descubrir sus potenciales, autogestionarse de forma óptima y saber renovar cada día su motivación.

INTRODUCCIÓN

Me tienes en tus manos, quizá me vayas a leer, tan sólo me gustaría decirte que aquí encontrarás herramientas que te llevarán hacia un cambio a mejor en tu vida, pero depende de ti, sólo con leerlo no bastará, pero si aplicas lo que aquí propongo puedes hacer que sea una realidad.

Fíjate en el título de este libro: "de la medicación a la relajación". Con esto lo que quiero decir es que, en ocasiones, puede ser necesario tomar medicamentos, cuando una persona está tan mal que lo único que hace es pensar en el suicidio o cuando la persona no quiere ni levantarse de la cama ni comer, tan sólo por sentido común hace falta hacer algo, es cuestión de supervivencia psicológica e incluso física. No obstante no hay que perder de vista el objetivo, y es que se trata de algo temporal, lo deseable sería un buen trabajo en equipo con otros profesionales de la salud, poder llevar a cabo un proceso de psicoterapia y autoconocimiento, de esta manera podrá hacer de puente hacia una recuperación, después ya no serán necesarios esos recursos externos y la persona podrá alcanzar la autonomía y el bienestar deseados.

De hecho la psicoterapia lo que pretende es que la persona descubra o vuelva a redescubrir sus propios recursos. En ocasiones también se transmiten algunas herramientas y estrategias que lo único que hacen es señalar ese camino de vuelta a uno mismo.

Otro tipo de terapias alternativas también pueden servir de forma complementaria para sumar al proceso de recuperación del bienestar, aunque de nuevo estamos hablando de ayudas externas, como hierbas curativas o la manipulación de un masajista.

En este caso lo que me parece más asombroso del entrenamiento en relajación es que lo que hacemos es automedicarnos pero con nuestras propias sustancias interiores. Cuando nos relajamos el cerebro lo que hace es segregar endorfinas, actúan como un neurotransmisor y se parece a los opiáceos en su habilidad para producir analgesia y una sensación de bienestar, reduce de forma natural el dolor e incluso puede potenciar el efecto de otras terapias que utilizan sustancias externas. Las endorfinas son las llamadas hormonas de la felicidad.

Si con todo esto aún no te motiva lo suficiente para seguir leyendo y hacer este entrenamiento, te diría que buscaras cuál es el verdadero obstáculo que encuentras y que te está impidiendo disfrutar más de la vida.

En ocasiones encontramos muchos beneficios en "estar mal", lógicamente no quiere decir que lo hagamos de una forma fría y planificada, sino de una forma inconsciente, pues encontramos más cariño en los demás, nos atienden más, nos vemos más como las víctimas, nos desembarazamos de muchas responsabilidades para las cuales nos preguntamos si estaremos preparados y nos dan miedo, etc.

Estos miedos son totalmente normales, sólo que cuando nos estancamos o nos enganchamos mucho a ellos es cuando vienen los problemas. Todos tenemos muchos miedos y nos planteamos si seremos capaces de hacer tal o cual cosa, pero hasta que no nos damos la oportunidad de aprender a hacerlo, no comprobaremos por nosotros mismos que sí podíamos. Todo esto se va sumando en lo que llamaríamos un currículum de experiencias positivas, que lo que hace es aumentar nuestra sensación de autoeficacia. Estas experiencias nos dejan un poso agradable al que siempre recurriremos en el futuro para convencernos de que sí podemos. Es ésta una manera de autosugestionarnos de una forma positiva a la vez que realista.

Bueno pues llegados a este punto te preguntarás en qué consiste este entrenamiento en relajación, o incluso quizá te hayas preguntado por qué se llama Relajación Integrativa. He creado este concepto porque es el que más se acerca a lo que significa esta práctica, se trata de un método en el que he ido integrando todo lo mejor de diferentes técnicas clásicas de relajación además de otras herramientas útiles que aporta la psicología.

Hay un amplio espectro de técnicas de relajación, desde las basadas en la meditación (respiración condicionada de Benson, meditación transcendental, yoga, etc.), el entrenamiento en relajación progresiva, el entrenamiento autógeno de Schultz, la imaginación dirigida, las técnicas basadas en la monitorización fisiológica (técnicas de biofeedback), hasta la hipnosis. De hecho la hipnosis se realiza mediante una relajación profunda. O bien el *mindfulness* que Jon Kabat-Zinn está popularizando, entre otros, con su libro: "Vencer la depresión. Descubre el poder de las técnicas del mindfulness", el cual aconsejo aunque no se padezca depresión, puede ser muy revelador para cualquier persona pues habla de funcionamientos habituales, que si son más intensos puede dar lugar a problemas como la depresión pero que, sin llegar a eso, pueden ocasionarnos mucho sufrimiento.

Con este entrenamiento también utilizo el término "Integrativa" porque lo he estructurado para trabajar el cuerpo, los pensamientos y las emociones, siempre tratando de poner un poco de más luz en la sombra o en ese espacio que llamamos inconsciente. El resultado es un efecto sinérgico aumentando su valor positivo en el bienestar general, ayudando a la integración de estos ámbitos, desarrollando con ello también la creatividad para que puedas aprender a combinar todo esto y aplicarlo a tus necesidades, que bien pueden ser algunas de ellas encontrar trabajo o crear tu propia empresa, no sentir tanta ansiedad o no deprimirte tanto. No obstante veremos formas prácticas de aplicar todo esto con ejemplos y ejercicios.

El cuerpo lo trabajaremos centrándonos con nuestra atención en diferentes señales corporales. Los pensamientos los trabajaremos con diferentes estrategias, se trata de herramientas para trabajar con las distorsiones cognitivas o errores de pensamiento, que pasa primero por detectarlos, que ya es mucho. Las emociones las trabajaremos..., bueno de hecho ya las estamos trabajando pues no he hecho hasta ahora otra cosa que tratar de motivarte para activar tus propios recursos internos, pero además, las trabajaremos mediante la visualización de diferentes imágenes, situaciones, y el diálogo de voces, así podremos llegar a un mayor autoconocimiento.

La creatividad será algo que estará siempre presente pues iré invitándote a imaginar diferentes cosas, unas veces más detalladas y otras menos para que tú mismo puedas crear tus propias imágenes e incluso tu propio plan de prevención e intervención para tu salud. Si tú estás por la labor de iniciar este plan, entonces cualquier ayuda te será útil, si no, pueden estar ante ti los mejores especialistas pero no conseguirán nada.

Tenemos mucho que ganar tanto a nivel individual como colectivo si nos responsabilizamos de nuestra salud.

Este entrenamiento tiene tres partes, la primera es el entrenamiento en la relajación física, la segunda es el entrenamiento en relajación mental y la tercera es la parte donde utilizamos diferentes herramientas para perseguir determinados objetivos como la resolución de conflictos, ya sean internos o externos.

Para aprender este método tan sólo se necesitan dos minutos al día, al menos en la primera parte, luego nos va a gustar tanto que se nos quedará corta la media hora. No obstante, una vez aprendido, se trata de practicarlo durante al menos unos veinte minutos al día.

Dos son las claves para aprender este método: la práctica diaria y tener una guía suficiente del feedback del cuerpo, para lo que daré todas las indicaciones necesarias, así aprenderemos a detectar las sensaciones que la relajación provoca en el cuerpo. A partir de aquí, si se ha despertado tu motivación, es todo rodado.

En cada capítulo vamos a ir avanzando de forma progresiva con los ejercicios para que se grabe bien en nuestro cuerpo-mente, de una manera experiencial. Conviene practicar el ejercicio de cada capítulo durante toda una semana, de esta manera te aseguro que el aprendizaje se queda grabado y comenzarás a notar beneficios.

RELAJACIÓN FÍSICA

BLANCO LUMINOSO

CAPÍTULO 1: DETECTANDO LOS OBSTÁCULOS

Una buena forma de empezar detectando los obstáculos es viendo cómo es nuestro diálogo interior, a veces, somos nuestros peores enemigos y hay que empezar a ver qué conflictos y partes enfrentadas hay en el interior.

Trabajaremos aquí como propone el maestro Genpo Roshi con el proceso que creó llamado Big Mind. Uno de los ejemplos que ofrece es el de la gran empresa interior, compuesta de los diferentes aspectos nuestros, ayudando a descubrir cuáles son sus verdaderas funciones y cómo podemos aceptarlos para que puedan hacer bien su trabajo y sea de forma coordinada, en equipo. Tuve la gran oportunidad de aprender este método gracias al único certificado por Genpo Roshi que hay en España, estoy hablando de mi compañero de vida Alejandro Villar Martín, con quien he podido seguir mi trabajo de autoconocimiento asistiendo a múltiples talleres por toda España.

Todos tenemos diferentes aspectos internos como son el enfado, la tristeza, la alegría, el deseo, el niño, el protector, el controlador, la envidia, etc. Todo esto no es ni bueno ni malo, es lo que es, son diferentes energías que conlleva el estar vivo y todo depende de cómo lo utilicemos. No hay en realidad emociones positivas y emociones negativas, en todo caso aunque algunas nos hagan sentir mal, quizá sea lo adaptativo en ese momento, pero al final todas se convierten en positivas en el sentido de ser necesarias porque desempeñan una función muy importante.

Imagina una gran empresa que funciona como si no hubiera ninguna organización, los trabajadores no saben qué producto venden ni cuál es su función, ni tampoco quién es el jefe. De esta manera difícilmente va a salir adelante.

Pues esto es lo que muchas veces sucede dentro de nosotros, y si no llegamos a un acuerdo con nosotros mismos, difícilmente vamos a llegar a un acuerdo con los demás.

Esta es la idea que me ha guiado hasta aquí. Me preguntaba de qué manera podría ofrecer una de las cosas que mejor sé hacer, de la forma más saludable, sensata, completa y adaptada a una realidad en crisis. Es decir cómo encajar mi aportación en este mundo y de paso cómo ayudar a otros a encajar su propia aportación. En definitiva se trata de descubrir cómo todos podemos ofrecer lo mejor que tenemos para vivir más felices unos con otros.

Pues bien, mi idea es la de hacer un trabajo realmente agradable y sencillo con el que poder obtener el mejor de los beneficios, que es tu propio bienestar.

Una de las técnicas que van a guiar nuestro trabajo aquí será el diálogo de voces, se tratará de ver qué dicen diferentes aspectos nuestros. El diálogo de voces es una técnica que surgió del trabajo de Hall y Sidra Stone y que Genpo Roshi tomó para adaptarla a la práctica de la meditación, de manera que hablando desde algunos de estos aspectos pueden desbloquearse nudos psicológicos y acceder mejor al estado meditativo o bien al estado de flujo mediante la relajación.

Pero antes veremos que la mejor puerta de entrada a la mente es la relajación física sin duda, el cuerpo aquí va a ser una amable puerta de entrada. Cuando conseguimos dejar al cuerpo en un estado de relajación, nuestra imaginación, nuestros pensamientos e ideas, nuestro ánimo, son mucho más saludables y más propicios para el buen rendimiento. De hecho una de las ideas de las que hablaba Daniel Góleman, el cual popularizó el término de inteligencia emocional, es el estado de flujo, que comentaba más arriba, se trata de un estado de olvido de uno mismo, en el sentido de lo contrario de la preocupación, la persona se encuentra absorta en la tarea que está llevando a cabo, como si en ese momento se hubiera transcendido y estuviera plenamente presente y centrada en la tarea.

Diane Roffe Steinrotter obtuvo una medalla en esquí en los juegos olímpicos de invierno de 1994. Al terminar comentó que no recordaba nada excepto que estaba absorta en la relajación: "me sentía como en una cascada".

Justo se trata de esto, no es que tengamos necesariamente que practicar la relajación para ganar una medalla, pero ante todo podremos aplicarlo a nuestros propios objetivos en la vida, que no es poco.

Si lo que queremos son razones para entusiasmarnos con ello y practicar, hay muchas, por ejemplo: ralentiza el ritmo cardíaco y respiratorio disminuyendo la presión arterial y mejorando la oxigenación celular; se incrementa la cantidad de leucocitos en sangre, por lo que ayuda a resistir mejor y/o combatir enfermedades; aporta resistencia emocional, calma, mejora la concentración y la creatividad, por lo que se puede recomendar no sólo como tratamiento, sino para mejorar la calidad de vida; además disminuyen los niveles de triglicéridos, colesterol y lactato en sangre y la producción de adrenalina y noradrenalina por las glándulas suprarrenales mejorando la salud y favoreciendo la tranquilidad y el descanso.

Si ni siquiera ganar una medalla ni cada uno de estos beneficios te han convencido, entonces es posible que por tu mente pasen pensamientos de este tipo:

- Va, tengo que hacer tantas cosas…
- Lo más seguro es que lo comience y luego lo abandone porque la última vez que quise probar algo hice lo mismo.
- No creo que yo pueda conseguirlo porque soy muy nerviosa.

Todos estos pensamientos son una parte de ti queriendo sabotear tus objetivos, se trata justo de un momento en el que no hay un acuerdo interior. Lo mejor que puedes hacer es comprobar qué parte está distorsionando más la realidad con las siguientes preguntas para cada una de las cuestiones anteriores:

- ¿Y si con este entrenamiento consiguieras rendir más en el tiempo que tienes?
- ¿Por el hecho de que la última vez hayas abandonado una actividad quiere decir que lo vayas a hacer ahora?

- ¿De verdad crees que si eres nerviosa no eres una buena candidata para llevarlo a cabo?

Si antes estaba hablando de diálogo de voces para poner de acuerdo diferentes partes nuestras, ahora estamos hablando de errores de pensamiento o distorsiones cognitivas. Se trata de pensamientos que se salen de la realidad pero haciéndonos creer que son ciertos.

Si queremos hablar de relajación y bienestar irremediablemente tenemos que hablar de la autosugestión o la influencia sobre las ideas y los juicios propios que, a veces, se nos pasan desapercibidos y desde nuestro inconsciente nos juegan malas pasadas, como determinar en gran parte nuestra vida con conflictos internos y externos con los demás.

Así éstas son algunas de las técnicas que voy desarrollando de manera transversal a lo largo del aprendizaje de este entrenamiento en Relajación Integrativa: diálogo de voces, errores de pensamiento, *mindfulnes*, y trabajo con las emociones. Estas técnicas sirven tanto para desbloquear nudos que nos impiden relajarnos como para trabajar cosas dentro del estado de relajación.

Si todo esto ha despertado tu interés te sugiero que continúes hacia lo que puede ser un gran descubrimiento para ti y tu mejor viaje.

Como has visto este libro viene acompañado de un enlace para acceder al archivo de audio en el que puedes experimentar cómo es una relajación completa básica con mi voz grabada y música de relajación especialmente diseñada para ello.

Puedes utilizarlo cada vez que quieras mientras aprendes este método pero la idea es que no sustituya a la práctica del ejercicio diario que iré indicándote. Además, una vez terminado el entrenamiento se tratará de no necesitar ninguna grabación porque ya lo hemos aprendido y asimilado en nuestro cuerpo-mente y somos capaces de generarnos de forma autónoma ese estado profundo de relajación. Una vez conseguido esto, la grabación se podrá volver a escuchar cuando te apetezca, pero ya habrás conseguido tu propia autonomía, incluso puedes hacer una grabación con tu propia voz, esto puede ser muy interesante y efectivo.

MITOS SOBRE LA RELAJACIÓN

Para ayudarte a deshacer y sortear algunos obstáculos que pueden surgir lo primero que vamos a hacer es hablar sobre una serie de mitos o creencias que puede haber en torno a la relajación.

Para ello no vamos a dejar de utilizar el humor, siempre muy necesario.

1. El mito de la empanada.

Decidí llamarlo así pues un día me dí cuenta de que mucha gente creía que haciendo relajación luego ibas a ir por la calle con una empanada encima. Pues no, eso sería síntoma de no estar utilizando bien el entrenamiento o de que ha dejado olvidada una empanada encima de su cabeza.

El entrenamiento en relajación es precisamente para todo lo contrario, en el sentido de conseguir más vitalidad, más energía, más motivación y más rendimiento en todo lo que hagas, pues sencillamente se trata de entrenarse para saber entrar más y mejor en estado de flujo. Este estado es el que consigues cuando realizas una actividad que te gusta mucho, entonces estás plenamente con toda tu atención y energía ahí, el tiempo se te pasa volando y es muy agradable. Es un estado de felicidad, que nos es más fácil tener con actividades muy gratificantes pero que no se suele entrenar. Al ejercitar este entrenamiento estamos aprendiendo a disfrutar más y de más cosas, así podría no sólo ser con esa actividad que me gusta tanto sino también con otras que me gustan menos pero que tengo que realizar.

En definitiva se trata de aprender a querer lo que ya tienes o a afrontar situaciones inevitables en tu vida.

2.   El mito de: "si eso es bueno, más será mejor".

En muchas ocasiones podemos pensar que si algo es bueno pues entonces cuanto más tengamos de eso, mejor. Sin embargo, hacer deporte es bueno y no estamos todo el día haciéndolo, supongo que pasaría algo malo. Pues esto es lo mismo, algo sano lo es si se hace en su medida justa, para poder optimizar bien sus beneficios.

Relajación física

Suele pasar en mis cursos, talleres y clases que a la gente le da mucha pereza salir de la relajación pues se está muy bien, se quedarían ahí todo el día, suele ser una expresión que oigo, pero ¿qué pasaría si siempre estuviéramos relajándonos?, seguro que ya tienes respuestas, por ejemplo, eso querría decir que no haríamos otras cosas, no saldríamos con los amigos, no nos relacionaríamos con los demás, descuidaríamos otras tareas como limpiar la casa, o bien no trabajaríamos lo suficiente para nuestra supervivencia por culpa de la relajación. Tendríamos un grave problema en nuestra vida, habríamos dejado de vivir para hacer relajación.

Esto sería una gran paradoja pues uno de los objetivos de la relajación es ayudarnos a vivir mejor, pero en ese caso nos estaría ayudando a vivir peor sin darnos cuenta. Se trata de que nos ayude a tener una mayor adaptación en la vida, saber sobreponernos a los cambios inevitables y saber hacer nuestros propios cambios para seguir creciendo. Si no nos está ayudando a esto entonces habría que cuestionarse varias cosas, como cuál ha sido mi motivación para comenzar este entrenamiento, qué intención había dentro de mí en realidad, podría ser la de huir de una vida que no me gusta, en vez de hacer algo para cambiarla o cambiarme. Por estas razones puedes aprovechar para cuestionarte ahora cuáles serían tus intenciones si decides comenzar el entrenamiento, incluso apúntalo en un papel y guárdalo hasta el final.

3. El mito de: "tengo que estar bien".

Vaya, dicho así suena a imposición, no parece que invite mucho a sentirse bien con esta frase, parece más bien invitar a aguantar, a reprimir, a resignarse, a rechazar lo que dentro de mí me hace sentir mal. Es comprensible este rechazo, pero la cuestión es que estamos rechazando una parte de nosotros mismos, ¿es eso posible?, malas noticias, me temo que no. Cuando algo hay dentro de nosotros que quiere salir y le solemos decir que no, incluso a solas con nosotros mismos, entonces esa parte creemos nosotros que se va o que la olvidamos, pero no se va, lo que ha ocurrido es que la hemos metido en nuestro sótano psicológico, así cobra más fuerza, y desde ahí, tarde o temprano, intenta sabotearnos en algún momento, quizá cuando nos dispongamos a aprender el entrenamiento en relajación. Esto puede enfadarnos y querer con más fuerza estar bien, así ya tenemos un perfecto bucle o círculo vicioso.

Pues bien, cuando parece que a toda costa tenemos que estar bien y para ello me valgo de la práctica de la relajación, podríamos llamarlo *evasión a través de la relajación*. Podríamos terminar utilizando el entrenamiento en relajación con el objetivo de no estar ya nunca mal, o por lo menos que eso que quiere salir no lo haga y lo mantengamos a raya. Esto sería como querer tapar un heiser, como querer tener un control excesivo de nosotros mismos, además de imposible no sería sano, lo único que haría es quitarnos energía que necesitamos para adaptarnos y vivir.

Relajación física

Así, de una manera consciente o no, al aprender el entrenamiento en relajación estaríamos teniendo un objetivo que nos va a provocar cierto conflicto interior, por una parte queremos controlar que no salga nuestro malestar y por otra queremos relajarnos y dejar de controlar tanto, esto puede que se refleje precisamente en dificultades para acceder a un estado de relajación. Por eso muchas personas creen que no es para ellas.

Aquí se trata precisamente de ver este conflicto interior como una gran oportunidad para darle un giro a la forma de gestionarlo que has tenido hasta ahora. Se trata de aprender a utilizar algunas estrategias de autogestión, para comprender finalmente que están ahí por algo, que pueden tener algo interesante que decirnos, y cuando vayamos dando un mejor cauce a eso que quería salir, entonces no tendremos ningún problema a la hora de relajarnos y conseguiremos lo que queremos, que es estar bien.

4. El mito de: "como yo no me considero nervioso no me hace falta la relajación".

No necesariamente hace falta considerarse una persona nerviosa o tener problemas de nervios para practicar este entrenamiento pues tan sólo se trata de entrenar nuestra mente para tener mejores resultados en lo que queramos hacer. Se trata de aprender a entrar en un estado de creatividad fluido en el que todos nuestros aspectos estén trabajando hacia un único objetivo, que es el que nos hayamos propuesto.

Las tres partes de este método las vamos a asociar a diferentes colores, así se te quedará más grabado en tu memoria y lo aprenderás mejor, de manera que cada vez que pienses en uno de los colores aparecerá más rápido el estado correspondiente que has entrenado.

El color **blanco luminoso** estará asociado a la **relajación física**.

El color **verde manzana** será el relacionado con la **relajación mental**.

El color **azul como el cielo** en un día despejado, lo asociaremos a la profundización en el estado completo de relajación y el trabajo con diferentes herramientas y objetivos, así serán las **aplicaciones prácticas**.

ALGUNOS CONSEJOS PARA HACER LOS EJERCICIOS

En un principio se tratará de entrar en la relajación y salir inmediatamente que se han tenido las sensaciones que lo confirman y que trataremos en breve. Si nos quedamos más tiempo podemos terminar asociando la relajación con pensamientos y distracciones que aparecen, y lo que queremos es asociar la relajación con las palabras clave que te dices a ti mismo y que aprenderemos aquí. Es por esto que se hace lo que vamos a llamar retroceso o salida de la relajación. Así, tan importante será la entrada como la salida de la relajación.

Y esto es por una sencilla razón, cuanta más facilidad tengamos para entrar y salir en la relajación más se va construyendo como una **puerta giratoria**, en la que hay mucha flexibilidad para entrar en modo de relajación o salir, según lo precises, cada situación en la vida puede requerir una cosa u otra, en muchas situaciones de la vida lo que se necesita es tener un grado de estrés apropiado para realizar una actividad con buen rendimiento y pasión. Así poco a poco también nos podremos dar cuenta de que independientemente de que estemos en estado de relajación o no, ya habremos aprendido a entrar en un estado de flujo, y éste ya no depende de que nuestro cuerpo y nuestra mente estén relajados en el sentido de quietud, sino que, de fondo, podremos tener una serenidad desde la que estamos trabajando quizá de una forma muy activa. Esto es verdaderamente lo que se pretende con este entrenamiento, que sea un estado que pueda acompañarnos la mayor parte del tiempo, o más bien, que podamos reconocerlo cuantas más veces mejor, y que nos haga sentir espacio y libertad para utilizar nuestro potencial, que nos sintamos libres para estar tristes, para llorar, para enfadarnos, o para estar alegres. Pues realmente este estado no depende de nada ni de nadie, sino de que podamos reconocerlo.

El mejor sitio para relajarte, de momento, será una silla cómoda o un sillón donde puedas apoyar los brazos, pues si te tumbas, es más fácil quedarse dormido y en un principio no nos interesa pues no aprenderías el entrenamiento, aunque, cumpliendo con el entrenamiento todos los días, siempre puedes utilizarlo también de forma complementaria por la noche, para poder dormir si lo necesitas.

Cuanto más se entrene, más rápido aparecerá la sensación de relajación y más profunda será. La continuidad en el entrenamiento será crucial.

Es posible que al hacer los ejercicios podamos distraernos con diferentes pensamientos, quizá aprovechemos para repasar la lista de la compra o para hacer un repaso de lo que hemos estado diciendo en una conversación, no pasa nada, en cuanto nos damos cuenta de que nos hemos despistado, volvemos a lo que estábamos haciendo, justo de esta manera es cómo comenzamos a saber manejar nuestra atención, gracias a darnos cuenta de que nos hemos ido, y entonces con nuestra voluntad volvemos con la atención a lo que estábamos haciendo, así perderse no es más que una oportunidad de aprendizaje.

Sin embargo, pueden aparecer otro tipo de pensamientos más negativos como los reproches a nosotros mismos por pensar que no lo estamos haciendo bien, exigencias, críticas y frases que, muchas veces, nos anulan y nos llevan a dejar el entrenamiento pensando que no merece la pena o a no darle el valor que tiene en nuestras vidas como una medicina preventiva que es, tal y como lavarse los dientes. Para no tener que practicar somos capaces de echarle mucha imaginación e inventar las excusas más sofisticadas.

Algunos de los pensamientos que, ya sabemos por experiencia, pueden aparecer son los pensamientos erróneos, se llaman así porque no se basan en ninguna lógica objetiva y se hacen afirmaciones o negaciones anticipando algo que no ha pasado o no hay ninguna prueba de que sean ciertos o de que vayan a pasar, a no ser que pongamos todas las condiciones para que al final se confirmen. Se llaman también distorsiones cognitivas, es decir, que nos salimos de la realidad, distorsionándola con nuestros pensamientos, con tal de que coincidan con nuestras creencias sobre nosotros mismos o sobre los demás.

Para que no nos arrastren este tipo de pensamientos e irlos trabajando tendremos que aplicar la lógica y un pensamiento más científico en el sentido amplio de la palabra científico, es decir, incluyendo la ciencia que también se interesa por los estados interiores y por las metodologías de la investigación cualitativa, es decir, la propia experiencia que se corrobora por la comprobación de que todas las personas pasan por el mismo continuum de aprendizaje y pueden conseguir los

27

mismos efectos a la hora de desarrollar un entrenamiento como éste.

Entonces si, por ejemplo, pensamos que no va a funcionar, la mejor manera de trabajar con este tipo de pensamiento es ser escépticos con él y limitarnos a comprobarlo por la propia experiencia, así hasta que no lo comprobemos con la mejor disposición por nosotros mismos no sabremos si realmente nos funcionará.

Si han aparecido sensaciones desagradables al comenzar un ejercicio lo mejor es dejarlo para más tarde, no sea que se asocie la relajación con esas sensaciones desagradables.

Y por último la sugerencia es hacer los ejercicios con música de fondo, hay mucha música preparada para hacer relajación, se trata de que sea más bien homogénea, para que no haya cambios inesperados que nos asusten como en la música del telediario. Por ejemplo, hay un compositor que a mí me gusta mucho y se llama Steven Halpern, los sonidos están muy bien pensados para despertarnos una suave sensación de relajación o de cosquilleo por la espalda, o al menos así lo experimento yo. Estaré encantada de saber cómo lo experimentas tú en mis redes sociales y de paso me cuentas cómo ha sido tu experiencia con la relajación, si te has embarcado en esta aventura.

En cada capítulo veremos una temática en la que trabajaremos con diferentes estrategias y un ejercicio de relajación.

¿Tienes ya todo preparado para lanzarte a esta aventura? Bueno no te preocupes, ya sabes que tan sólo necesitas una silla cómoda o un sillón, no nos vamos a ir al Caribe, al menos físicamente, puede que con la imaginación sí. ¿Fácil no?, eso sí, trata de que tu postura sea correcta, la espalda recta apoyada en el respaldo y las piernas flexionadas por las rodillas y dejando las plantas de los pies bien asentadas en el suelo, sin cruzar ni piernas ni brazos para que la circulación vaya fluida.

Si el brazo izquierdo es el que utilizas más entonces empiezas por éste, resulta más fácil empezar con el que atiende más a nuestra voluntad.

Vamos con tu primera experiencia con este entrenamiento. Pon un poco de música relajante y lee las instrucciones del ejercicio, luego lees el ejercicio en sí y a continuación lo haces ya con los ojos cerrados, o bien mientras lo lees.

Hay una cosa que puedes hacer para que el entrenamiento sea más potente y es grabar los ejercicios con tu propia voz, sólo tienes que grabar tu voz mientras lo lees, haciendo las pausas que consideres necesarias entre cada frase, de esta manera se grabará en tu mente el ejercicio de forma más profunda. Funcionará así una mayor autosugestión.

Iremos describiendo las sensaciones que el cuerpo emite y que estarán marcando que la relajación está sucediendo con éxito. Aprender a detectar estas sensaciones será crucial para aprender a reproducirlas cuando queramos y con ello relajarnos.

EJERCICIO 1: BRAZO DERECHO BLANDO

De momento vamos a ablandar los músculos pensando precisamente en la palabra BLANDO, ésta será la palabra clave para nosotros en estos momentos. Las sensaciones que suelen aparecer con estos primeros ejercicios son:

• Como si el brazo estuviese pesando más sobre el brazo del sillón.
• Otras personas notan como si el brazo estuviese flotando.
• También se puede notar como si uno no tuviera brazo. Una sensación de ausencia, como si el brazo hubiera dejado de existir, o como si estuviera metido en un guante.
Si estas sensaciones no aparecen por el momento no te preocupes, ya aparecerán.

Hay una imagen que puede ayudar mucho a que aparezcan o a profundizar en estas sensaciones y es imaginar que el brazo fuera una GOMA ELÁSTICA que se estira y se estira y se suelta o se deja caer.

En cuanto sientas una o varias de estas sensaciones entonces haces el RETROCESO o salida de la relajación del brazo:

1. Inspiración profunda.
2. Abrir los ojos.
3. Sacudir el brazo varias veces con energía.

Comenzamos así la parte de relajación física, se realizará de forma gradual, deteniéndonos en una parte del cuerpo cada semana. Cada ejercicio con el que avancemos irá sumándose a todos los ejercicios anteriores, de manera que cada vez será una relajación más completa.

Ahora lee atentamente el ejercicio, éstos son los pasos, a continuación lo realizas:

1. Postura cómoda sin cruzar las piernas y con los brazos sobre los del sillón o sobre las piernas.
2. Cierra los ojos.
3. Ahora te repites varias veces mentalmente: ESTOY TRANQUILO/A (aunque no estés tranquilo esto es como una declaración de intenciones), recuerda situaciones agradables, en las que has sentido tranquilidad.
4. Llevas ahora tu atención encima de tu cabeza, imaginas un precioso SOL y un inmenso cielo azul. Encima de la coronilla de tu cabeza hay una preciosa FLOR, la más bonita que hayas imaginado nunca, de color blanco. Al caer los rayos del sol en sus hojas este color blanco se convierte en un blanco luminoso. Ahora, cada vez que cojas el aire de la respiración, tomas de este color BLANCO a través de la flor, y cuando echas el aire lo repartes hacia abajo, por TODO TU CUERPO, así comienzas a asegurarte de que no estás manteniendo ninguna tensión voluntariamente, vas soltando todos tus músculos.

Comenzando por los músculos del cuero cabelludo que hay por toda la cabeza. Ahora te centras en los músculos de la cara, relajas la frente, el entrecejo, los párpados pesan más y más, dejas caer tus mejillas, también dejas aflojarse tu mandíbula, separa los dientes dejando la boca un poco entreabierta, aunque tus labios se toquen. Bajas ahora por tu cuello, brazos, espalda, pecho, vientre, glúteos, muslos, pantorrillas y hasta la punta de los dedos de tus pies.

5. Céntrate con tu atención en tu BRAZO DERECHO. A partir de ahora cada vez que coges aire de la respiración, tomas de este color blanco a través de la flor y lo llevas con cada espiración al brazo. Éste comienza a teñirse más y más de blanco luminoso soltando todos sus músculos. Se va tiñendo más y más de blanco. Quédate haciendo esto durante varias respiraciones.

Ahora imaginas que tu brazo derecho es una GOMA ELÁSTICA que estiras y estiras y dejas caer.

Sintiendo tu brazo derecho, te repites varias veces mentalmente: MI BRAZO DERECHO ESTÁ BLANDO

6. En cuanto notes una o varias de estas sensaciones: brazo más pesado, flotando, ausente o metido en un guante, haces el retroceso:

RETROCESO:

• Inspiración profunda.
• Abrir los ojos.
• Sacudir con energía el brazo.

Es importante que nada más notar la sensación o sensaciones hagas el retroceso, por una razón importante, y es que ahora, al principio, que aún no hay entrenamiento suficiente, si te sientes a gusto y decides quedarte más tiempo ahí, entonces con mucha probabilidad empezarán a aparecer pensamientos distractores, así está el riesgo de no asociar esas sensaciones con la relajación sino con las distracciones.

Al ir practicando quizá identifiques alguna de esas sensaciones de las que hablábamos como más frecuente que las otras, algunas personas notan inicialmente una sensación intensa, y en otras personas es más leve. Incluso puede que no se note en todo el brazo, sino sólo en una parte de él. No importa, pues de lo que se trata es de identificar la sensación por pequeña que sea y hacer el retroceso. De esta manera se va creando poco a poco un "reflejo condicionado" entre la orden que viene del cerebro y la relajación de los músculos.

Muchas veces ocurre que durante el ejercicio se notan molestias como picores, necesidad de moverse, porque te parece que tienes el cuerpo mal colocado. Todo esto pueden ser resistencias contra la relajación, lo mejor es ignorarlas o bien, si persisten, lentamente siempre, haces los reajustes necesarios.

Ahora lo que te sugiero es que pares la lectura y practiques este mismo ejercicio todos los días, durante una semana, como ves tan sólo puede llevarte dos minutos. Ésta será sin duda la mejor forma de aprender este método y de sacarle provecho. Si de todas formas prefieres seguir leyendo, sigue siempre con tu planificación de hacer un ejercicio diario, cambiando el ejercicio cada semana.

CAPÍTULO 2: EL MIEDO

En cada capítulo y antes del ejercicio de la semana vamos a ir trabajando algunas cosas para conocer mejor las herramientas de las que disponemos y para que luego sea más sencillo entrar en estado de relajación.

Se me ocurre que una de las emociones que primero aparecen, por ejemplo, cuando queremos aprender algo nuevo, es el miedo. El miedo suele tener bastante mala prensa, solemos pensar a menudo que no sirve para mucho, que lo único que hace es bloquearnos, que echa abajo todas las buenas ideas que tenemos. Puede incluso que tengamos la ilusión de poder librarnos de él. Incluso puede que esto nos haya llegado a convencer tanto que realmente creamos que nos estamos protegiendo bien de los peligros. Sin embargo, cualquier protección rígida, también nos cierra puertas, y además, si actúa bloqueándonos, puede que estemos quedando aún más desprotegidos, dejando de hacer lo que en ese momento sea necesario para resolver una dificultad, lo cual finalmente nos hace aún más vulnerables, quitándonos capacidad de adaptación al medio y de resolver nuestros propios asuntos.

Lo primero que te sugiero es que pienses qué cosas te dan miedo, cómo se manifiesta en tu cuerpo este miedo y las respuestas que sueles tener ante él, ya sea huida, confrontación o paralización. Piensa también en la función que tiene en tu vida, si está muy presente o no y de qué maneras se manifiesta. También piensa con qué cosas lo tienes asociado, quizá con experiencias malas o con sensaciones muy desagradables, y reflexiona sobre cuáles son tus pensamientos sobre él.

Ahora vas a hacer un pequeño ejercicio, consiste en que tú eres el miedo en primera persona, si te llamas Marta, ahora eres el miedo de Marta pero cuando hables de Marta lo haces en tercera persona, hablas de ella para ver cómo es vuestra relación entre tú como miedo y ella como Marta.

Ahora te voy a hacer unas preguntas, si coges papel y bolígrafo y vas contestando con calma mejor que mejor:

- ¿Cómo te manifiestas en su vida como miedo?
- Si le haces la vida imposible o le fastidias, ¿para qué lo haces?
- ¿Cuál es tu función?
- ¿Ella agradece tu trabajo?
- ¿Cómo sería su vida sin ti?
- ¿Qué le dirías ahora que te está escuchando?

El miedo es una emoción que necesitamos para la supervivencia, imagina qué sería de ti sin el miedo, puede que tu vida corra peligro en algunas ocasiones, o puede que te lances a empresas muy arriesgadas sin una buena planificación o sin pensar en los planes necesarios para poner en marcha si surgen inconvenientes, exponiéndote así a múltiples riesgos.

Puede que hayas sentido cierto alivio al pensar cómo sería tu vida sin el miedo pero más bien esto suele pasar cuando se tiene asociado a cosas tan desagradables que eso nos hace sentir mejor por un momento. Precisamente lo que queremos muchas veces es que ciertos aspectos de nosotros desaparezcan, sin embargo, esto no sólo es imposible sino que, tratar de hacerlos desaparecer, lo único que hace es agravar las cosas. Si no aceptamos al miedo en nosotros entonces trataremos de ignorarlo o de rechazarlo, en realidad lo que hacemos es meterlo en nuestro sótano psicológico, sería como una especie de baúl donde vamos guardando todo aquello que no nos gusta de nosotros, desde donde suele manifestarse de formas más exageradas con tal de que le hagamos caso como, por ejemplo, en forma de ansiedad, depresión, enfado o haciéndonos sentir un miedo desmedido en situaciones equivocadas, llegando a convertirse en pánico y en fobia.

Pregúntate ahora ¿no será que es importante lo que te tiene que decir?, ¿y si comenzaras a escucharle de verdad a partir de ahora?, ¿se relajaría al ser escuchado y al dejarle más espacio para hacer su verdadera función?

Estas son las preguntas clave que nos pueden llevar a un camino mejor del que hasta ahora hemos seguido. Si escucháramos todos los inconvenientes que se le ocurren puede que nos lleve a mejorar mucho más cualquier plan que queramos llevar a cabo. También puede ayudarnos a protegernos pero de una forma sana y flexible, e incluso nos podremos librar de todos los problemas que genera el camino de querer rechazarlo e ignorarlo.

Relajación física

Claro que todo esto no se consigue de la noche a la mañana, a partir de este momento habría que trabajar poco a poco en equipo para que Marta vaya descubriendo la verdadera naturaleza del miedo y aprendan los dos de nuevo a relacionarse mejor.

Vamos a ver ahora qué contestaría el miedo de Marta a las preguntas de antes:

- ¿Cómo te manifiestas en su vida como miedo?
  Estoy constantemente activado porque tengo miedo de que le pase algo. Pero ella cree que sólo le fastidio y le bloqueo, y eso sólo lo hago si no me está escuchando. Al rechazarme tengo que manifestarme desde la sombra ya de una manera negativa y destructiva pero no me queda otra si quiero seguir protegiéndola.
- Si le haces la vida imposible o le fastidias, ¿para qué lo haces?
  Para que me escuche, es como darle voces, no se da cuenta de que sin mí todo puede ser mucho peor y lo que me gustaría es poder hacer libremente mi trabajo y ayudarla.
- ¿Cuál es tu función?
  Mi función es avisarla de los peligros reales para que sea prevenida y tenga en cuenta toda la información. Soy yo quien le aviso de los peligros para que no cruce la calle cuando el semáforo está en rojo.
- ¿Ella agradece tu trabajo?

No, no me lo agradece y eso me hace sentir más miedo, soy más intenso de lo que debiera ser precisamente porque no me escucha.

- ¿Cómo sería su vida sin ti?

Sin mí ella quizá ya estaría muerta o bien con más problemas aún.

- ¿Qué le dirías ahora que te está escuchando?

Que me dé la oportunidad de hablar como ahora en más ocasiones y así irá descubriendo todo lo que puedo ofrecerle si trabajamos en equipo.

EJERCICIO 2: BRAZO IZQUIERDO BLANDO

Puede que las sensaciones sean diferentes en este brazo, quizá porque no es el que sueles utilizar y responde de otra forma, no te preocupes, es normal.

Acuérdate de la imagen de la GOMA ELÁSTICA si quieres ayudarte de ello, es decir, imaginas como si tu brazo, en este caso el izquierdo, fuera una goma elástica que estiras y estiras...y dejas caer...

Haz ahora el ejercicio. Estos son los pasos:

1. Postura cómoda sin cruzar las piernas y con los brazos sobre los del sillón o sobre las piernas.
2. Cierra los ojos.
3. Ahora te repites varias veces mentalmente: ESTOY TRANQUILO/A (aunque no estés tranquilo esto es como

una declaración de intenciones), recuerda situaciones agradables, en las que has sentido tranquilidad.

4. Llevas ahora tu atención encima de tu cabeza, imaginas un precioso SOL y un inmenso cielo azul. Encima de la coronilla de tu cabeza hay una preciosa FLOR, la más bonita que hayas imaginado nunca, de color blanco. Al caer los rayos del sol en sus hojas este color blanco se convierte en un blanco luminoso. Ahora cada vez que cojas el aire de la respiración tomas de este color BLANCO a través de la flor y, cuando echas el aire, lo repartes hacia abajo, por TODO TU CUERPO, así comienzas a asegurarte de que no estás manteniendo ninguna tensión voluntariamente, vas soltando todos tus músculos. Comenzando por los músculos del cuero cabelludo que hay por toda la cabeza. Ahora te centras en los músculos de la cara, relajas la frente, el entrecejo, los párpados pesan más y más, dejas caer tus mejillas, también dejas aflojarse tu mandíbula, separa los dientes dejando la boca un poco entreabierta, aunque tus labios se toquen. Bajas ahora con tu atención por tu cuello, brazos, espalda, pecho, vientre, glúteos, muslos, pantorrillas y hasta la punta de los dedos de tus pies.

5. Ahora cada vez que cojas el aire de la respiración tomas de este color blanco a través de la flor y cuando echas el aire lo repartes hacia tu brazo IZQUIERDO. Éste comienza a teñirse más y más de blanco luminoso soltándose todos sus músculos. Imaginas que tu brazo izquierdo es una GOMA ELÁSTICA que estiras y estiras y sueltas, dejas caer.

Sintiendo tu brazo izquierdo te repites varias veces mentalmente: MI BRAZO IZQUIERDO ESTÁ BLANDO

6. En cuanto notes una o varias de estas sensaciones: brazo más pesado, flotando, ausente o metido en un guante, haces el retroceso:

RETROCESO:

• Inspiración profunda.
• Abrir los ojos.
• Sacudir con energía el brazo.

Las repeticiones deben realizarse de la misma manera pues, si no, no estaríamos entrenando correctamente. Nada más notar,

aunque sea levemente, las sensaciones nombradas, hacemos el retroceso.

Ahora dedica otra semana para practicar este ejercicio todos los días hasta que tu cuerpo lo haya asimilado bien. Como ves el proceso se va repitiendo y vamos introduciendo cada vez otro miembro del cuerpo, así el entrenamiento quedará bien fijado en tu cuerpo-mente.

CAPÍTULO 3: LA CRÍTICA

Según has leído el título de este capítulo, observa ahora qué cosas están pasando por tu mente, a qué cosas asocias esta palabra "crítica". ¿Te despierta sensaciones positivas o negativas para ti?

Si pudiéramos grabar en una pista de audio el diálogo interno que tiene lugar en nosotros un día cualquiera, ¿qué creemos que quedaría grabado?, podría estar bien hacer la prueba, a ver qué es lo que nos decimos a nosotros mismos. Seguramente nos sorprenderíamos de lo mal que nos tratamos frecuentemente, con todas las consecuencias que esto tiene en nuestras emociones, nuestra conducta y en nuestro propio carácter.

Con esto estamos hablando de uno de los errores de pensamiento como son **las exigencias**. Te estarás preguntando por qué va a ser un error de pensamiento si gracias a que te exiges lo mejor, eres capaz de conseguir grandes cosas o estar siempre disponible y bien para los demás, etc. Puede que a corto plazo te ayude a conseguir cosas pero a largo plazo estás socavando tu autoestima.

La crítica insana te acusa de las cosas que van mal, te compara con los demás, con sus logros y capacidades, y te encuentra en desventaja. La crítica fija estándares de perfección imposibles y luego te fustiga ante el mínimo error. Mantiene un registro de tus fracasos pero nunca te recuerda tus dones o logros. Tiene un guión que describe cómo debes vivir y te tacha de malvado si las necesidades te llevan a violar alguna de sus reglas. Te pide que seas el mejor, y si no, no eres nadie. Te llama cosas como estúpido, incompetente, débil, y te hace creer que todo eso es verdad.

La crítica lee la mente de tus amigos y te convence de que están aburridos, cansados o disgustados por tu culpa. La crítica exagera tus debilidades insistiendo en que "siempre dices cosas estúpidas" o "siempre malogras una relación" o "nunca acabas nada a tiempo".

Los ataques a ti mismo parecen razonables y justificados. La voz interior quejumbrosa y valorativa parece natural. Por distorsionados y falsos que sean sus ataques, se la suele creer. Está tan entrelazada en el tejido de tu pensamiento que nunca adviertes su devastador efecto.

Cuando afirmaciones de este tipo se han ido quedando rezagadas en nuestro sótano psicológico, en forma de autoafirmaciones, sólo nosotros podemos hacernos conscientes de ellas, transformarlas y volver a integrarlas en nuestra personalidad. Se transforman entonces en su versión sana, en una fuerza vital y necesaria avisándonos de cuándo debemos poner ciertos límites a alguien o a algo, también nos avisa de cosas de nosotros mismos que ciertamente nos haría bien cambiar para evitar peligros, sufrimientos o simplemente para tener mejor calidad de vida, pero actúa de una forma positiva, motivadora, activadora y creyendo en nuestras capacidades. Así se convierte en nuestro **motor de cambio.**

Como ves, la diferencia sería que aceptamos ese aspecto, se siente escuchado y le damos espacio y reconocimiento para que pueda hacer bien su trabajo, así se convierte en un aliado perfecto, en otro componente más trabajando en equipo con nosotros.

Pero claro te preguntarás ¿cómo entonces puedo hacer para transformarlo?. Bueno pues el primer paso es darse cuenta de las creencias negativas que podemos estar teniendo hacia este aspecto. Esto no quiere decir que de la noche a la mañana todo cambie, es algo gradual que de hecho continúa toda la vida, pero se trata al menos de llegar a un punto que te permita vivir con bienestar, no se trata de ser perfectos, ¿o es que a ti te caería bien una persona perfecta?, normalmente la gente contesta negativamente.

Así te propongo que hagas un ejercicio esta semana junto con el ejercicio de relajación, se trata de **cazar la crítica**, caza al menos dos críticas destructivas que te hagas a ti mismo y apúntalas para que no se te olviden. Así de simple, ya te iré diciendo alguna cosa más que puedes hacer con eso que apuntes. Pero sólo con hacer eso tienes mucho ganado, no te quepa duda.

Ahora vamos a sumar las piernas a los ejercicios de las anteriores semanas. Prepara esa música tan agradable y disponte a disfrutar.

EJERCICIO 3: PIERNAS BLANDAS

1. Postura cómoda sin cruzar las piernas y con los brazos sobre los del sillón o sobre las piernas.

2. Cierra los ojos.

3. Ahora te repites varias veces mentalmente: ESTOY TRANQUILO/A (aunque no estés tranquilo esto es como una declaración de intenciones), recuerda situaciones agradables de tu vida, en las que has sentido tranquilidad.

4. Llevas ahora tu atención encima de tu cabeza, imaginas un precioso SOL y un inmenso cielo azul. Encima de la coronilla de tu cabeza imaginas esa preciosa FLOR, la más bonita que hayas imaginado nunca, de color blanco. Al caer los rayos del sol en sus hojas este color blanco se convierte en un blanco luminoso. Ahora cada vez que cojas el aire de la respiración tomas de este color BLANCO a través de la flor y cuando echas el aire lo repartes hacia abajo, por TODO TU CUERPO, así comienzas a asegurarte de que no estás manteniendo ninguna tensión voluntariamente, vas soltando todos tus músculos. Comenzando por los músculos del cuero cabelludo que hay por toda la cabeza. Ahora te centras en los músculos de la cara, relajas la frente, el entrecejo, los párpados pesan más y más, dejas caer tus mejillas, también dejas aflojarse tu mandíbula, separa los dientes dejando la boca un poco entreabierta, aunque tus labios se toquen. Bajas ahora por tu cuello, brazos, espalda, pecho, vientre, glúteos, muslos, pantorrillas y hasta la punta de los dedos de tus pies.

5. Ahora cada vez que cojas el aire de la respiración tomas de este color blanco a través de la flor y cuando echas el aire lo

repartes hacia tu brazo DERECHO. Éste comienza a teñirse más y más de blanco luminoso soltando todos sus músculos.

Imaginas que tu brazo derecho es una GOMA ELÁSTICA que estiras y estiras y dejas caer.

Sintiéndolo te repites varias veces mentalmente: MI BRAZO DERECHO ESTÁ BLANDO

6. De nuevo este color blanco va a bajar pero ahora hacia mi brazo IZQUIERDO, se va tiñendo de este color blanco.

Imaginas que es una goma elástica que estiras y estiras y dejas caer.

Te repites mentalmente: MI BRAZO IZQUIERDO ESTÁ BLANDO.

7. Llevando tu atención ahora a los dos brazos te repites varias veces mentalmente: MIS BRAZOS ESTÁN BLANDOS

8. Ahora este color lo llevas con la respiración hacia las piernas, cada vez que tomas el aire coges de este color blanco luminoso a través de la flor y lo llevas hacia abajo, hacia tus dos piernas. Visualizas cómo va bajando por tu cuerpo y tiñendo de blanco todo a su paso, llegando a las caderas, glúteos, muslos, rodillas, pantorrillas, tobillos y hasta la punta de los dedos de tus pies.

Imaginas que son una goma elástica que estiras y estiras… y dejas caer. Te repites mentalmente: MIS PIERNAS ESTÁN BLANDAS

9. En cuanto notes una o varias de estas sensaciones en alguna parte de tus piernas, piernas más pesadas, flotando o ausentes, haces el retroceso:

RETROCESO:

• Inspiración profunda.

Relajación física

• Abrir los ojos.
• Sacudir con energía los brazos.

Las repeticiones deben realizarse de la misma manera pues si no, no estaríamos entrenando correctamente. Nada más notar, aunque sea levemente, las sensaciones nombradas, hacemos el retroceso.

Es normal que las sensaciones no sean iguales en los brazos que en las piernas, los brazos responden mejor a nuestros mandatos, sobre todo el brazo que solemos utilizar para todo, está más habituado a responder a nuestra voluntad.

Las sensaciones pueden ser sólo en una parte de las piernas, o sólo en una, no pasa nada, el caso es ir identificando esas sensaciones. Es lo mismo que estamos comenzando a hacer con algunos pensamientos relacionados con la crítica o con algunas emociones como el miedo. Estamos poco a poco identificándolos, observándolos y haciéndonos más conscientes de ello. Al aplicar la observación en todo ello lo que estamos haciendo es desidentificarnos un poco, tomar un poco de distancia para conocerlo mejor y precisamente para manejarlo mejor y actuar con más libertad.

Va quedando ahora un poco más claro qué es esto de la Relajación Integrativa ¿no?. Justo estamos haciendo un puzzle poco a poco, a ver si encajamos algunas piezas sueltas para que lo siguiente que hagas sea eso que más deseas e intuyes que puedes hacerlo muy bien, pero que no te atreves porque siempre hay algo dentro de ti que te para los pies machacando tu autoestima.

48

CAPÍTULO 4: HIPNOTIZANDO TU CUERPO

Más arriba comentaba cómo tenemos una gran habilidad para convencernos de las cosas, es una manera de autosugestión, lo que ocurre es que muchas veces es en un sentido destructivo hacia nosotros mismos, con pensamientos del tipo "no voy a poder hacerlo, no soy capaz, soy un desastre" y finalmente consiguen que algo no te salga.

Lo que propongo aquí es utilizar esa misma habilidad para lo contrario, es decir, para conseguir lo que nos proponemos, para saber autosugestionarnos y terminar consiguiendo muchas cosas que antes no nos creíamos capaces de hacer.

¿Cómo hacerlo?, pues es la hora de retomar las dos críticas que la semana pasada apuntaste en un papel y volverlas a leer. Ahora te explicaré algunas claves para comenzar con el trabajo.

Lo que vamos a trabajar ahora son los llamados errores de pensamiento o distorsiones cognitivas, que son instrumentos de la crítica insana, los medios mediante los cuales actúa, las armas que la crítica dirige contra nuestra autoestima y autoconcepto.

Los errores de pensamiento son en realidad malos hábitos, hábitos de pensamiento que hacen que interpretemos la realidad de forma irreal, distorsionada, son hábitos o formas de pensar que generan problemas.

El estilo cognitivo es la forma particular que tiene cada persona de ver e interpretar el propio yo, el mundo que nos rodea y el futuro. Nuestro estilo cognitivo o nuestra forma de pensar puede ser racional o irracional y distorsionada en mayor o menor medida.

Hablamos de un estilo cognitivo distorsionado cuando nuestros pensamientos sobre la realidad no son verificables y nos provocan emociones negativas que no están en consonancia con el acontecimiento activador.

Los pensamientos distorsionados se dividen en diez tipos diferentes:

1. Pensamiento de todo o nada.
2. Generalización excesiva.
3. Filtro mental.
4. Descalificación de lo positivo.
5. Conclusiones arbitrarias.
6. Magnificación y minimización.
7. Razonamiento emocional.
8. Exigencias.
9. Etiquetación.
10. Personalización.

Aunque, como verás, cada uno de estos pensamientos tiene unas características concretas, a menudo se superponen los unos a los otros, dificultando en ocasiones su reconocimiento y clasificación. Con frecuencia encontrarás que un pensamiento puede encuadrarse en varias categorías o que contiene varias distorsiones a la vez.

Veamos un ejemplo para que quede más claro. Supongamos que tienes que escribir un proyecto para que te concedan una beca. Cada vez que te pones a hacerlo te sientes tan abrumado por la responsabilidad del proyecto que buscas alguna excusa para abandonar la tarea.

Esto te hace sentir tan desanimado que te dices a ti mismo: "soy un incompetente, no puedo hacerlo. No acabaría este proyecto ni en cien años. De todas formas no merece la pena que me esfuerce porque igualmente me van a denegar la beca".

Una vez que conozcas los distintos errores de pensamiento, podrás analizar que, casi siempre, es imposible encasillarlo en un único apartado. En el ejemplo anterior hallamos el error del adivino, la magnificación, la generalización excesiva, razonamiento emocional y etiquetación.

Esto no debe inquietarte ni tienes por qué creer que no sabes manejarte en este tipo de conceptos, simplemente ocurre que a menudo los pensamientos son tan complejos que contienen diversas distorsiones en su interior.

Es importante aprender a identificar los errores de pensamiento para manejarse con soltura. Esta es la base del proceso que vamos a llevar a cabo aquí para poder conocer mejor nuestros pensamientos e ir transformándolos hacia una mayor integración y bienestar.

Además, lo que aprendas acerca de tu propia forma de pensar, que pueda causarte malestar y deteriorar tu autoestima, te será útil en todo momento de tu vida.

1. TODO/NADA

La persona valora sus cualidades personales a partir de categorías absolutas, o es blanco, o es negro. El pensamiento todo/nada es perfeccionista. Todo cuanto hacer debe ser perfecto, de lo contrario piensa que ha fracasado. "Todo me sale mal".

2. GENERALIZACIÓN EXCESIVA

La persona toma un acontecimiento negativo que le ha ocurrido una vez y lo generaliza, como si este suceso se tuviera que repetir siempre. "Nunca conseguiré que se fijen en mí".

3. FILTRO MENTAL:

La persona, ante una situación cualquiera, focaliza toda su atención en un aspecto negativo y se olvida de los positivos. En consecuencia, acaba viendo la situación como si fuera absolutamente negativa. "Seguramente voy a suspender porque la redacción no me ha quedado del todo bien".

4. DESCALIFICACIÓN DE LO POSITIVO:

La persona transforma las experiencias positivas o neutras en negativas. Atribuye a la casualidad todos los acontecimientos positivos que le suceden, y al castigo merecido los acontecimientos negativos. "En realidad el informe no está tan bien como dicen, ¡cualquiera lo hubiera hecho mejor!".

5. CONCLUSIONES ARBITRARIAS:

La persona tiende a sacar conclusiones negativas sin que haya datos objetivos que las justifiquen. Son de dos tipos: lectura de pensamiento y error del adivino. "Seguro que le caigo fatal porque me dijo que me llamaría y no lo ha hecho". (Lectura de pensamiento). "No vale la pena que vaya a la fiesta porque sé que no me lo voy a pasar bien". (Error del adivino).

6. MAGNIFICACIÓN/MINIMIZACIÓN:

La persona tiene tendencia a aumentar sus fracasos y a disminuir sus éxitos de una manera desproporcionada. Cuando mide sus defectos, errores, carencias o fracasos los exagera, haciendo que cualquier fallo parezca imperdonable. Cuando mide sus logros, éxitos, cualidades o triunfos los disminuye, haciendo que cualquier logro parezca insignificante. "¡Cuando se enteren de lo que he hecho me despedirán!. (Magnificación). "Dicen que tengo una voz bonita pero eso no lo es todo en una persona". (Minimización).

7. RAZONAMIENTO EMOCIONAL:

La persona tiende a interpretar sus estados de ánimo como si se tratase de verdades objetivas, para definirse utiliza términos abstractos como vergüenza, frustración o soledad, pero en ningún caso los justifica con hechos concretos y reales. "Siento que soy un ser despreciable, luego soy un ser despreciable".

8. EXIGENCIAS:

Pretendes animarte a hacer cosas utilizando expresiones de obligación como "debería", pero lo único que consigues es anidar un fuerte sentimiento de culpa y frustración. "DEBERÍA caerle bien a todo el mundo".

9. ETIQUETACIÓN:

La persona construye su autoconcepto a partir de sus defectos y errores. "He suspendido el examen, lo cual demuestra lo idiota que soy".

10. PERSONALIZACIÓN:

La persona se hace responsable no sólo de lo que hace, sino también de lo que hacen los demás. Cree que todo cuanto sucede es por su culpa, aunque no haya intervenido en ello. "Juan tiene problemas por mi culpa pues si yo le hubiera ayudado no hubiera cometido ese error", esto sin tener prueba de que sea así.

Bueno ya vas teniendo más información sobre la sección de pensamientos, así sólo te quedará esta semana la tarea de etiquetar esos dos pensamientos que constituían críticas a ti mismo y que habías apuntado, es hora de analizarlos un poco. Así trata de ver en qué categoría estarían dentro de estos 10 tipos de errores de pensamiento. Te iré dando más claves y estrategias para combatirlos.

Ahora seguiremos con el otro frente, el del cuerpo, poco a poco voy dándote material para contribuir en ir deshaciendo defensas que no son útiles para tu aprendizaje ahora, de esta manera vamos allanando el camino al cuerpo, para que pueda entrar en un estado cada vez más profundo de relajación.

Vamos a ver cómo somos capaces de relajar conscientemente músculos que en un principio eran involuntarios. ¿No te parece curioso que haya músculos de nuestro cuerpo que en un principio eran involuntarios y luego se hicieron voluntarios?, bueno pues en este caso es por una razón evidente de maduración del cuerpo y la mente, y me refiero, por ejemplo, a cuando aprendemos a controlar la vejiga de la orina, es decir, a controlar la orina. ¿Te acuerdas?, probablemente no.

Sin embargo, lo sorprendente es que en nuestra adultez podamos volver voluntarios músculos que en un principio son involuntarios. Te preguntarás cómo es esto posible y en qué consiste claro, pues se trata de conseguir un cambio en la musculatura lisa, es decir, en la musculatura que forma parte de las paredes de las arterias y las venas. Éstas tienen una característica y es que sus paredes no son rígidas, son elásticas, así pueden contraerse y relajarse. ¿Imaginas lo que puede significar tener control sobre esto?, pues significa que podemos hacer que las arterias y las venas aumenten de diámetro relajando los músculos de sus paredes, con todas las consecuencias positivas que tiene para nuestra salud y para prevenir posibles problemas.

Relajación física

Cuando un músculo se relaja facilita la circulación de la sangre, por tanto hay un mayor aporte de sangre, este mecanismo se produce automáticamente con la relajación.

Pero voy a explicar más detalladamente cómo sabrás si esto está ocurriendo cuando hagas el siguiente ejercicio. Una de las cosas importantes de esta técnica es dar un feedback adecuado, es decir, se trata de darte la información necesaria para que sepas qué sensaciones van a aparecer en tu cuerpo ahora, y así puedas confirmar que en esos momentos estás consiguiendo dilatar las paredes de tus arterias y venas.

Si hasta ahora la palabra clave ha sido blando, ahora la palabra clave va a ser CALIENTE, esto representará la relajación de la musculatura lisa, es decir, paredes de las arterias y venas e incluso los músculos internos que rodean nuestros órganos.

Ahora con la palabra CALIENTE las sensaciones que pueden aparecer son:

• Hormigueo o cosquilleo.
• Calor.
• Miembro "dormido".
• Sensación de aumento de volumen. De hecho aumenta al llegar mayor aporte de sangre.
• Sensación de latido.

Puede incluso que ya hayan aparecido en tu cuerpo algunas de estas sensaciones, eso sería muy buena señal.

Hay que tener en cuenta que al hacer la relajación se produce un silencio en nuestro cuerpo al que quizá no se está acostumbrado, es entonces cuando más se oyen los latidos del corazón, los pensamientos que aparecen, las emociones que están latentes, etc. Lo mejor es que simplemente no luches contra ello sino que te dediques a observar todo cuanto acontezca, que lo dejes estar, ya te iré indicando qué más cosas podemos trabajar con lo que aparece.

EJERCICIO 4: BRAZOS Y PIERNAS BLANDOS, BRAZOS CALIENTES

1. Postura cómoda sin cruzar las piernas y con los brazos sobre los del sillón o sobre las piernas.
2. Cierra los ojos.
3. Ahora te repites varias veces mentalmente: ESTOY TRANQUILO/A (aunque no estés tranquilo esto es como una declaración de intenciones), recuerda situaciones agradables, en las que has sentido tranquilidad.
4. Llevas ahora tu atención encima de tu cabeza, imaginas un precioso SOL y un inmenso cielo azul. Encima de la coronilla de tu cabeza está esa preciosa FLOR de color blanco. Al caer los rayos del sol en sus hojas este color blanco se convierte en un blanco luminoso. Ahora cada vez que cojas el aire de la respiración tomas de este color BLANCO a través de la flor y cuando echas el aire lo repartes hacia abajo, por TODO TU CUERPO, así comienzas a asegurarte de que no estás manteniendo ninguna tensión voluntariamente, vas soltando todos tus músculos. Comenzando por los músculos del cuero cabelludo que hay por toda la cabeza. Ahora te centras en los

músculos de la cara, relajas la frente, el entrecejo, los párpados pesan más y más, dejas caer tus mejillas, también dejas aflojarse tu mandíbula, separa los dientes dejando la boca un poco entreabierta, aunque tus labios se toquen. Bajas ahora por tu cuello, brazos, espalda, pecho, vientre, glúteos, muslos, pantorrillas y hasta la punta de los dedos de tus pies.

5. Cada vez que cojas el aire de la respiración tomas de este color blanco a través de la flor y cuando echas el aire lo repartes hacia tu brazo DERECHO. Este comienza a teñirse más y más de blanco luminoso soltando todos sus músculos.

Ahora imaginas que tu brazo es una GOMA ELÁSTICA que estiras y estiras y sueltas, dejas caer.

Sintiéndolo te repites varias veces mentalmente: MI BRAZO DERECHO ESTÁ BLANDO

6. De nuevo este color blanco va a bajar pero ahora hacia mi brazo IZQUIERDO, se va tiñendo de este color blanco.

Imaginas que es una goma elástica que estiras y estiras y dejas caer.

Te repites mentalmente: MI BRAZO IZQUIERDO ESTÁ BLANDO.

7. Llevando tu atención ahora a los dos brazos te repites varias veces mentalmente: MIS BRAZOS ESTÁN BLANDOS

8. Ahora este color lo llevas con la respiración hacia las piernas e imaginas que, cada vez que tomas el aire, coges de este color blanco luminoso a través de la flor y lo llevas hacia abajo, hacia tus dos piernas.

Imagina que son una goma elástica que estiras y estiras… y dejas caer. Te repites mentalmente: MIS PIERNAS ESTÁN BLANDAS

58

9. Centra ahora tu atención fundamentalmente en tus brazos de nuevo, imagina cómo se tiñen más y más de este color blanco a medida que respiras y te repites: MIS BRAZOS ESTÁN CALIENTES

10. Si ya han aparecido algunas de las sensaciones como hormigueo, cosquilleo, calor, miembro dormido, sensación de aumento de volumen o sensación de latido en tus brazos, haz el retroceso.

RETROCESO:
• Inspiración profunda.
• Abrir los ojos.
• Sacudir los brazos con energía.

CAPÍTULO 5: REDUCE TUS DOLORES

Voy a contarte algunas experiencias curiosas que he vivido yo en referencia a este tema.

Siendo aún una niña estaba de vacaciones por unos días en mi pueblo, fui a visitar a una tía pero por el camino dudé en darme la vuelta del dolor de cabeza tan impresionante que tenía, el cielo estaba casi cubierto de nubes pero dejaban pasar un resplandor de sol que cegaba y parecía molestarme mucho.

Finalmente opté por seguir mi camino pues ya quedaba muy poco para llegar a su casa. Una vez allí comenté que me dolía mucho la cabeza, allí estaba un hermano suyo y me propuso hacer un ejercicio que él practicaba. Me cogió la mano derecha y se disponía a masajearme el dedo pulgar mientras me sugería que cerrara los ojos, me relajara e imaginara que el dolor de la cabeza iba bajando por mi brazo derecho poco a poco y se iba justo por donde él estaba haciéndome el masaje en el dedo. También me dijo que él iba igualmente a concentrarse en ello e imaginar que el dolor bajaba por el brazo.

Eso fue lo que hice hasta ir comprobando que el dolor se iba deslizando hacia abajo, por el cuello, el hombro, e iba repartiéndose por el brazo derecho, a la vez el dolor de la cabeza disminuía hasta quitarse completamente. Quedé fascinada, no recuerdo si luego me explicó algo o se refirió a la acupuntura, o simplemente era algo que sabía y quiso probar a ver si en ese momento funcionaba.

Relajación física

Siempre recordé aquello e incluso alguna vez lo he probado conmigo misma y ha funcionado, o bien al menos el dolor ha disminuido mucho. También lo probé con alguna persona y en unos casos pareció funcionar algo y en otros no, o no tanto, supongo que dependerá también de cada persona y de su capacidad de autosugestión.

En otra ocasión, era el año 1993 y estaba en tercero de psicología, hacía un año ya que yo practicaba la relajación. Un buen día me levanté para ir a clase, algo me preocupaba en esos momentos aunque no lo pensaba, digamos que no era muy consciente, tan sólo recuerdo que algo me rondaba la cabeza con una sensación desagradable. Iba caminando hacia la facultad y estaba pensando en el dolor tan punzante que tenía en el estómago desde que me desperté. Tenía un convencimiento y era que ese dolor era psicosomático, es decir, que de alguna manera me lo había causado yo con mi preocupación, pues no padecía de problemas de estómago y tampoco había ningún motivo físico de algo que me hubiera sentado mal.

Así estuve en la única clase que tenía ese día y a la vuelta, de nuevo pensé en ello pues el dolor no había desaparecido. Según iba caminando me concentré en mis reflexiones, la cuestión era que si tenía el convencimiento de que ese dolor me lo había causado yo, entonces yo sola me lo podía quitar. Si tenía la habilidad de causármelo, entonces también tenía la habilidad de quitármelo. Cuál fue mi sorpresa que al momento desapareció ese dolor intenso y punzante con el que me había levantado y había permanecido hasta ese momento. No puedo decir más, simplemente me quedé impresionada y se quedó grabada en mí una experiencia grata de las cosas que sí podía controlar o aprender a controlar.

Más tarde, impartiendo entrenamiento en relajación en el Centro Penitenciario de Cáceres, pude comprobar que a más gente le pasaban cosas parecidas. En una ocasión, uno de mis alumnos del programa de deshabituación de drogas, al llegar a clase de relajación, me dijo que no sabía si iba a poder quedarse pues tenía un tremendo dolor en una muela, le sugerí que probara a quedarse hasta donde quisiera, pues al fin y al cabo le iba a doler igual tanto si se iba como si se quedaba, además la clase de ese día estaba precisamente dedicada a reducir las sensaciones de dolor en el cuerpo.

Se quedó a probar, al principio con la mano puesta donde sentía el dolor, pero pronto bajó también ese brazo relajándolo, no volvió a decir nada hasta que, en medio de la relajación, se incorporó y dijo en voz baja: "¡Lourdes se me ha quitado el dolor!", me alegré mucho y le sugerí que siguiera con la relajación. Cosas como esas hacían de ese trabajo el mejor.

Y volviendo a nuestro trabajo, es hora de rescatar de nuevo esas dos críticas hacia ti mismo, las que apuntaste en un papel y que ya has podido etiquetar con la ayuda de los 10 tipos de errores de pensamiento.

Ahora te daré la primera estrategia que puedes utilizar, se llama la técnica de las 3 columnas, en la primera columna escribes una de las dos críticas que apuntaste, tal cual la pensaste, la llamaremos autoafirmación que hiciste hacia ti mismo, en la segunda pones el nombre del error de pensamiento al que crees que alude, y en la tercera columna pones una refutación, es decir, una serie de preguntas que te van a servir para deshacer estos pensamientos y que veremos ahora. Se trata de argumentar en contra para deshacer sus razones, bueno en realidad para deshacer su irracionalidad, pues los errores de pensamiento son pensamientos irracionales.

Técnica de las tres columnas:

AUTOAFIRMACIÓN	TIPO ERROR DE PENSAMIENTO	REFUTACIÓN
Escribe lo que te dice la crítica acerca de ti o de la situación. Si no recuerdas bien trata de repetir la situación en tu cabeza hasta que salgan algunas autoafirmaciones y apunta aquí una de ellas.	Ayúdate del repaso de los 10 tipos de errores de pensamiento y examina de qué tipo es el tuyo	Aquí escribe las argumentaciones que se te ocurren en contra de este pensamiento. Abajo encontrarás una serie de preguntas para ayudarte a ello.

En el próximo capítulo podrás ver un ejemplo, de momento se trata de que te familiarices con el proceso antes de realizarlo.

AYUDAS PARA LA REFUTACIÓN

1. Atacar lo no operativo:
   ¿Qué quiero decir con...?
   ¿A qué me refiero con...?
   ¿En cuántas ocasiones...?

2. Atacar al adivino:
   ¿En qué me baso?
   ¿Qué pruebas tengo?
   ¿Cómo lo sé?
   ¿Cómo sé que va a ser así?
   ¿En qué me baso para decir que será así?

3. Atacar a lo no científico:
   ¿En cuántas ocasiones?
   ¿Cuántas veces?
   ¿Seguro que siempre/nunca?
   ¿Seguro que todo/nada?
   ¿Qué relación hay entre...y...?
   ¿Sólo porque...entonces...?
   ¿Siempre que...entonces...?
   ¿Cuando...entonces...?

4. Atacar la personalización y el pensamiento emocional:
   ¿Sólo porque lo crea, sienta, piense, imagine, ¿es así?
   ¿Si lo pienso, siento, creo, imagino...es así?

Bien, pues por hoy es suficiente respecto a atacar el frente de los pensamientos, sigamos ahora con el cuerpo, vamos a centrarnos en el control de las piernas para que esa sensación de CALIENTE no sólo la sintamos en los brazos, como en el ejercicio anterior, sino que además podamos sentir las sensaciones de calor, hormigueo, dormido, latido o aumento de volumen también en las piernas.

A medida que vayas entrenando la sensación "caliente" en más partes de tu cuerpo significará que estarás preparado para llevar tu atención a esa parte del cuerpo donde puedas tener dolor y así concentrarte en visualizar cómo la sangre va cada vez más fluida y esos músculos internos que rodean esa zona se relajan más, esto puede favorecer que tu cerebro segregue las endorfinas necesarias como para sentir que el dolor se reduce.

EJERCICIO 5: BRAZOS Y PIERNAS BLANDOS Y CALIENTES

1. Postura cómoda sin cruzar las piernas y con los brazos sobre los del sillón o sobre las piernas.
2. Cierra los ojos.
3. Ahora te repites varias veces mentalmente: ESTOY TRANQUILO/A (aunque no estés tranquilo esto es como una declaración de intenciones), recuerda situaciones agradables, en las que has sentido tranquilidad.
4. Llevas ahora tu atención encima de tu cabeza, imaginas un precioso SOL y un inmenso cielo azul. Encima de la coronilla de tu cabeza está esa preciosa FLOR de color blanco. Al caer los rayos del sol en sus hojas este color blanco se convierte en un blanco luminoso. Ahora cada vez que cojas el aire de la respiración tomas de este color BLANCO a través de la flor y

cuando echas el aire lo repartes hacia abajo, por TODO TU CUERPO, así comienzas a asegurarte de que no estás manteniendo ninguna tensión voluntariamente, vas soltando todos tus músculos.

Comenzando por los músculos del cuero cabelludo que hay por toda la cabeza. Ahora te centras en los músculos de la cara, relajas la frente, el entrecejo, los párpados pesan más y más, dejas caer tus mejillas, también dejas aflojarse tu mandíbula, separa los dientes dejando la boca un poco entreabierta, aunque tus labios se toquen. Bajas ahora por tu cuello, brazos, espalda, pecho, vientre, glúteos, muslos, pantorrillas y hasta la punta de los dedos de tus pies.

5. Cada vez que cojas el aire de la respiración tomas de este color blanco a través de la flor y cuando echas el aire lo repartes hacia tu brazo DERECHO. Este comienza a teñirse más y más de blanco luminoso soltando todos sus músculos.

Ahora imaginas que tu brazo es una GOMA ELÁSTICA que estiras y estiras y dejas caer.

Sintiéndolo te repites varias veces mentalmente: MI BRAZO DERECHO ESTÁ BLANDO

6. De nuevo este color blanco va a bajar pero ahora hacia mi brazo IZQUIERDO, se va tiñendo de este color blanco.

Imaginas que es una goma elástica que estiras y estiras y dejas caer.

Te repites mentalmente: MI BRAZO IZQUIERDO ESTÁ BLANDO.

7. Llevando tu atención ahora a los dos brazos te repites varias veces mentalmente: MIS BRAZOS ESTÁN BLANDOS

8. Ahora este color lo llevas con la respiración hacia las piernas e imaginas, cada vez que tomas el aire, que coges de este color blanco luminoso a través de la flor y lo llevas hacia abajo, hacia tus dos piernas.

Imaginas que son una goma elástica que estiras y estiras… y dejas caer. Te repites mentalmente: MIS PIERNAS ESTÁN BLANDAS

9. Centra tu atención fundamentalmente de nuevo en tus brazos, imagina cómo se tiñen más y más de este color blanco a medida que respiras y te repites: MIS BRAZOS ESTÁN CALIENTES. Te detienes aquí durante varias respiraciones.

10. Ahora, cada vez que respires llevas este color blanco a tus piernas, se van tiñendo más y más y repites: MIS PIERNAS ESTÁN CALIENTES

11. Una vez que has notado la sensación en las piernas, prestarás atención a los brazos y a las piernas a la vez y repites: BRAZOS Y PIERNAS BLANDOS Y CALIENTES

12. Si ya han aparecido algunas de las sensaciones, hormigueo, calor o latido en brazos y piernas o en parte de los brazos y de las piernas, disponte a hacer el retroceso.

RETROCESO:
• Inspiración profunda.
• Abrir los ojos.
• Sacudir los brazos con energía.

Ahora para tu lectura y practica este ejercicio todos los días hasta la próxima semana, ya verás cómo vas notando progresos.

CAPÍTULO 6: EL CENTRO DE NUESTRO CUERPO

La parte de nuestro cuerpo de las vísceras es a lo que nos referimos cuando hablamos de sensaciones instintivas. El instinto es algo también importante a integrar en nosotros, nos guía y nos da mucha información útil, por ejemplo, a discriminar cuándo tenemos hambre de verdad o no, cuándo algo nos molesta o nos enfada, cuándo algo nos da una mala sensación y no nos gusta. Son sensaciones con mucho arraigo en nosotros y no las debemos despreciar, siempre que haya una conveniente integración con los demás centros: los pensamientos y las emociones.

Ya que hemos hablado hasta ahora de los pensamientos, las emociones y el instinto, vamos a ver cuál es la manera con la que trabajan en equipo y se integran para ayudarnos en nuestros objetivos.

Vamos a considerar un contínuo en el que, en un extremo está la **desconexión** con cualquiera de estos centros, ya sean pensamientos, emociones o instinto (cuerpo), en el otro extremo se encontraría la **fusión** con alguno de estos centros. Pues bien, ninguno de estos extremos es sano, tanto uno como otro nos lleva a diferentes problemas que pueden entorpecer nuestra adaptación a la vida.

Por una parte la desconexión ocurre por la evitación en mayor o menor medida de alguno de los tres centros fundamentales.

Relajación física

Esto se da cuando no queremos hacer caso a pensamientos, emociones o cuerpo porque quizá tenemos ciertas creencias de que es malo o porque en nuestro carácter hay una mayor tendencia a ello. Sin embargo cuando queremos negar alguno de estos centros por creer que no tiene mucha utilidad, existe el peligro de que, al no dejar que se exprese libremente, salga desde el sótano psicológico, y entonces es cuando se manifiesta de una forma negativa para nosotros.

Por otra parte la fusión con alguno de estos centros es el dejarnos arrastrar por ellos, es decir, quizá me dejo guiar de mis instintos sin poner límites sanos, o bien me identifico mucho con mis pensamientos de manera que creo que soy mis pensamientos, y me identifico tanto con ellos y con mis creencias que no me las cuestiono, o me identifico tanto con mis emociones que me las creo todas en la misma medida en la que las siento, y no me cuestiono si están ajustadas a la realidad o no, es decir, que no las relativizo.

Ninguno de los dos casos es sano, pero claro te preguntarás ¿y cómo hago yo para hacer que estén integrados y equilibrados?, pues esa es la pregunta del millón y estamos todos en ello, tratando de averiguarlo con nuestra experiencia de vida o con lo que sabemos, y no se deja de aprender durante toda la vida. El caso es que aquí lo que trato de hacer es dar algunas claves que puedan servirte para trabajarlo.

Por ejemplo, cuando hacemos los ejercicios estamos controlando nuestro cuerpo de una manera consciente e integrada, nuestro cuerpo obedece a nuestros mandatos de forma rápida y eficaz, poniendo al servicio de nuestro objetivo de relajarnos tanto a los pensamientos como a las emociones, sin llegar a reprimir sino con el objetivo de **conectar** unos centros con los otros, así terminan integrados, al menos por un rato, y por esa razón entramos en un estado de flujo, en el que todos nuestros centros actúan en colaboración hacia un objetivo que hemos elegido para nuestro bienestar. Pues lo que todo el mundo persigue sin duda es estar bien.

Por estas razones, este entrenamiento resulta muy potente y si lo haces con continuidad e integridad, trabajando todos los frentes que aquí propongo: cuerpo, pensamientos y emociones, será un buen potenciador para tu desarrollo y la buena noticia es que depende de ti conseguir que así sea.

Y para avanzar un poco más con el ejercicio que capítulo a capítulo vas trabajando respecto a los pensamientos, vas a ver ahora un ejemplo del ejercicio del capítulo anterior utilizando la técnica de las 3 columnas, en primer lugar he expresado en dos o tres frases lo que pasaba por la cabeza de esta persona, como ves luego he ido analizando cada frase, pues en este caso, cada una es una autoafirmación.

AUTOAFIRMA-CIÓN	ERROR DE PENSAMIENTO	REFUTACIÓN
Van a rechazarme	CONCLUSIONES ARBITRARIAS (ERROR DEL ADIVINO)	Van a rechazarme: ¿en qué me baso?, ¿qué pruebas tengo?, ¿cómo lo sé?, ¿cómo sé que va a ser así?, ¿en qué me baso para decir que será así?, ¿sólo porque lo crea, sienta, piense, imagine que van a rechazarme será así?.
Se van a dar cuenta de lo nerviosa y difícil que soy	CONCLUSIONES ARBITRARIAS (LECTURA DE PENSAMIENTO) ETIQUETACIÓN	Se van a dar cuenta de lo nerviosa y difícil que soy: ¿cómo sé que va a ser así?, ¿en qué me baso para decir que será así?
Siempre he sido así	GENERALIZACIÓN EXCESIVA	Siempre he sido así: ¿seguro que siempre, en todo momento? ¿no hay ninguna excepción?,

		siempre es siempre.
		¿qué quiero decir con así?, ¿si lo pienso, siento, creo, imagino que soy nerviosa y difícil, es así?,
		<u>CONCLUSIÓN RACIONAL:</u> No sé lo que piensan de mí porque no hay pruebas, no sé si me rechazarán, no puedo adivinar el futuro. No siempre estoy nerviosa, hoy tan sólo estoy disgustada porque me ha pasado algo que no me ha gustado, pero en general no estoy nerviosa, en otras muchas ocasiones estoy a gusto y tranquila.

Utiliza estas preguntas siempre para ayudarte a desmontar tu crítica, no son exhaustivas, hay más, pero te dan una pista de por dónde flaquean más tus pensamientos. Aplica todas las que tengan sentido para ti, independientemente del tipo de distorsión del que se trate, al final debes llegar a una conclusión racional que provoque en ti un buen juicio sobre ti mismo y, sobre todo, realista.

Una de las claves para que estas estrategias tengan un efecto, nuevamente es la constancia, puede parecer un ejercicio bastante sencillo, sin embargo, lo difícil es llevarlo a cabo con constancia, al menos hasta que tengamos un buen mapa de cuáles suelen ser nuestros hábitos de pensamiento.

Seguimos ahora con el cuerpo, vamos a adentrarnos más en este centro del cuerpo, que es el plexo solar, éste representa ese centro de nuestro cuerpo donde se suelen localizar las emociones, y que controla el funcionamiento de todas las vísceras. Está localizado más o menos a la altura de la boca del estómago, por debajo del reborde de las costillas y por encima del ombligo, la angustia suele localizarse en este lugar cuando decimos que se nos hace una bola ahí.

Aquí vamos a pensar en la palabra **vientre** para referirnos tanto al plexo solar como al vientre.

Ahora lo que vamos a hacer es controlar alguno de los músculos llamados involuntarios que están dentro del vientre: las paredes de la vesícula biliar, el estómago, los intestinos grueso y delgado, etc. Es decir, relajaremos los músculos de las vísceras del abdomen.

Así, daremos ahora la orden de: "vientre blando y caliente", refiriéndonos al vientre pero también al plexo solar. Pueden aparecer sensaciones de hambre y ruidos de tripas o una ligera sensación de calor, quizá no sea tan intensa como en los brazos y piernas o quizá no notes nada, esto no quiere decir que no estés consiguiendo nada, sino simplemente que no obtienes una respuesta con las sensaciones, o bien que no las notas aún, pero el ejercicio sí que está funcionando, lo importante es dar la orden y practicar, si tienes alguna sensación será una comprobación, pero si no, no será una prueba de lo contrario.

A partir de ahora quizá la sensación de "blando" en brazos y piernas no va a ser tan clara ni tan intensa y puede que se mezcle con la de "caliente". Esto es normal pues, aunque la sensación se haya hecho más intensa, nuestra expectación ante la sensación habrá disminuido, digamos que nos hemos acostumbrado a sentirla, además la tensión de fondo habrá ido disminuyendo y por tanto habrá menos diferencia al relajarse.

Fíjate si algo de tu ropa está oprimiendo tu cuerpo, afloja el cinturón.

EJERCICIO 6: BRAZOS, PIERNAS Y VIENTRE BLANDOS Y CALIENTES

1. Postura cómoda sin cruzar las piernas y con los brazos sobre los del sillón o sobre las piernas.
2. Cierra los ojos.

3. Ahora te repites varias veces mentalmente: ESTOY TRANQUILO/A (aunque no estés tranquilo esto es como una declaración de intenciones), recuerda situaciones agradables de tu vida, en las que has sentido tranquilidad.

4. Llevas tu atención encima de tu cabeza, imaginas un precioso SOL y un inmenso cielo azul. Encima de la coronilla de tu cabeza está esa preciosa FLOR de color blanco. Al caer los rayos del sol en sus hojas este color blanco se convierte en un blanco luminoso. Ahora cada vez que cojas el aire de la respiración tomas de este color BLANCO a través de la flor y cuando echas el aire lo repartes hacia abajo, por TODO TU CUERPO, así comienzas a asegurarte de que no estás manteniendo ninguna tensión voluntariamente, vas soltando todos tus músculos.

Comenzando por los músculos del cuero cabelludo que hay por toda la cabeza. Ahora te centras en los músculos de la cara, relajas la frente, el entrecejo, los párpados pesan más y más, dejas caer tus mejillas, también dejas aflojarse tu mandíbula, separa los dientes dejando la boca un poco entreabierta, aunque tus labios se toquen. Bajas ahora por tu cuello, brazos, espalda, pecho, vientre, glúteos, muslos, pantorrillas y hasta la punta de los dedos de tus pies.

5. Cada vez que cojas el aire de la respiración tomas de este color blanco a través de la flor y cuando echas el aire lo repartes hacia tu brazo DERECHO. Éste comienza a teñirse más y más de blanco luminoso soltando todos sus músculos.

Ahora imaginas que tu brazo es una GOMA ELÁSTICA que estiras y estiras y sueltas, dejas caer.

Sintiéndolo te repites varias veces mentalmente: MI BRAZO DERECHO ESTÁ BLANDO

6. De nuevo este color blanco va a bajar pero ahora hacia mi brazo IZQUIERDO, se va tiñendo de este color blanco.

Imaginas que es una goma elástica que estiras y estiras y sueltas.

Te repites mentalmente: MI BRAZO IZQUIERDO ESTÁ BLANDO.

7. Ahora tu atención se centra en brazos y piernas, se van tiñendo más y más de este color blanco hasta cada uno de sus rincones, ahora te repites varias veces cada una de estas frases:

BRAZOS Y PIERNAS BLANDOS
BRAZOS Y PIERNAS CALIENTES
BRAZOS Y PIERNAS BLANDOS Y CALIENTES

8. Tu atención se dirige ahora al vientre, va bajando ahora este color blanco desde la flor encima de tu cabeza hasta tu vientre. Se va tiñendo de este color poco a poco acompañado de varias respiraciones.

Te repites varias veces: VIENTRE BLANDO Y CALIENTE

Aprovechas para observar tu respiración, qué partes del cuerpo se mueven al respirar y te dejas mecer por ella.

9. Recuerda el lugar donde estás y disponte a hacer el RETROCESO enérgicamente para pasar a un perfecto estado de vigilia.

Ahora haz el retroceso:
• Inspiración profunda.
• Abrir los ojos.
• Sacudir los brazos con energía.

CAPÍTULO 7: EL ARTE DE LA RESPIRACIÓN

Vamos a introducir la respiración como elemento de observación. Hasta ahora hemos trabajado llevando nuestra atención a la musculatura voluntaria y a la llamada "involuntaria", pues bien, el sistema respiratorio goza de ambas características, tanto voluntariedad como involuntariedad. Normalmente este sistema lo utilizamos de forma espontánea pero si te pidiera que retuvieras la respiración lo podrías hacer.

Aquí trabajaremos de manera que no interferiremos en su mecanismo, el cual se adapta perfectamente a cada situación. Cuando observamos la respiración puede surgir el deseo de modificarla pero no lo haremos ahora.

En los ejercicios previos, la respiración en cada persona adquiría unas características propias, en unas personas más superficial, en otras más profunda y lenta pero siempre con unas características similares adecuadas al momento de relax, que es muy parecido a cuando dormimos, el movimiento es fundamentalmente abdominal, en cambio cuando hacemos ejercicio físico la respiración se realiza con el tórax, con el pecho.

Aunque la respiración es algo que nos acompaña desde que nacemos hasta la muerte no solemos ser conscientes de ella. En este ejercicio la respiración nos marcará un ritmo y nosotros no lo cambiaremos, sólo lo observaremos y respetaremos. Es un ejercicio de respeto y humildad para nuestra parte consciente y voluntaria, que tiene que adaptarse, observar y no interferir.

La respiración tiene dos fases, la fase activa: la inspiración, y la fase pasiva: la espiración. Ahora durante la inspiración repetirás mentalmente la palabra "ESTOY". A esta palabra le daremos un significado en el sentido de "ESTOY YO", "ESTOY AQUÍ" y "ESTOY AHORA". Se trata de tomar conciencia de nosotros mismos, en este instante y en este lugar, y con lugar nos referiremos al vientre y al pecho, al lugar donde sucede la respiración, donde estoy notando el movimiento. Aquí y ahora. Presta mucha atención al aire desde que entra por tu nariz hasta que llega a tus pulmones y diafragma.

Este ejercicio es una toma de conciencia de la "realidad", de este mismo momento. Si yo pienso en lo que me ha pasado esta mañana, estoy en ese recuerdo, no aquí, si pienso en lo que voy a cenar esta noche, tampoco estoy aquí, estoy imaginando el futuro. Mi realidad es este instante y luego este otro. Casi nunca estamos aquí y ahora.

Esto no quiere decir que no sea importante revisar el pasa-do para trabajar temas personales o planificar el futuro y marcarse objetivos pero lo importante es que estas tareas se hagan de forma consciente y cuando sean necesarias. Porque supongo que no es necesario repasar una conversación una y otra vez pensando en lo que hubiéramos querido decir y lo que nos dolió tal cosa que nos dijeron mientras estamos haciendo otra cosa como ir a un recado, es más probable que de repente nos preguntemos qué hacemos ahí y volvamos sin lo que habíamos ido a buscar.

Diferente sería si elegimos un momento adecuado para tratar con nuestras preocupaciones del pasado y pensar en una solución adecuada, pues si eso está dando vueltas en nuestra cabeza es porque quizá algo dentro de nosotros está necesitando hacer algo o decir algo a alguien.

Tampoco nos lleva a ninguna parte pensar en el futuro en forma de preocupación imaginando todo lo que puede pasar y haciendo que no podamos concentrarnos en lo que estamos haciendo en ese momento. Otra cosa es que nos sentemos a planificar conscientemente lo que vamos a hacer y desarrollar un plan de prevención realista ante cosas que sabemos que pueden ocurrir.

En la otra fase de la respiración: la espiración, diremos "TRANQUILO" o "TRANQUILA". Podemos alargarla o acortarla como queramos al ritmo de nuestra espiración, la pensaremos notando una sensación de serenidad, de bienestar, de relajación que se produce con la salida del aire y que se extiende por todo el cuerpo. De nuevo observa con atención la salida del aire.

Así se trata ahora de inspirar pensando "ESTOY" y espirar pensando "TRANQUILO" y hacerlo dándose cuenta, tomando conciencia del proceso respiratorio una y otra vez.

81

Si hasta ahora has tenido problemas de distracción, con este ejercicio, si está bien hecho, no te despistarás.

Si durante este ejercicio tienes la necesidad de suspirar lo haces tranquilamente. El suspiro funciona muchas veces como un reajuste de la respiración. Como dije antes lo que puede resultar más difícil es no modificar el ritmo de la respiración y dejar su curso natural observándolo.

Estamos ya adentrándonos en el entrenamiento de niveles más profundos de relajación y la respiración es un elemento esencial.

EJERCICIO 7: LA RESPIRACIÓN

1. Postura cómoda sin cruzar las piernas y con los brazos sobre los del sillón o sobre las piernas.
2. Cierra los ojos.
3. Ahora te repites varias veces mentalmente: ESTOY TRANQUILO/A (aunque no estés tranquilo esto es como una declaración de intenciones), recuerda situaciones agradables, en las que has sentido tranquilidad.
4. Llevas ahora tu atención encima de tu cabeza, imaginas un precioso SOL y un inmenso cielo azul. Encima de la coronilla de tu cabeza está esa preciosa FLOR de color blanco. Al caer los rayos del sol en sus hojas este color blanco se convierte en un blanco luminoso. Ahora cada vez que cojas el aire de la respiración tomas de este color BLANCO a través de la flor y cuando echas el aire lo repartes hacia abajo, por TODO TU

CUERPO, así comienzas a asegurarte de que no estás manteniendo ninguna tensión voluntariamente, vas soltando todos tus músculos.

Comenzando por los músculos del cuero cabelludo que hay por toda la cabeza. Ahora te centras en los músculos de la cara, relajas la frente, el entrecejo, los párpados pesan más y más, dejas caer tus mejillas, también dejas aflojarse tu mandíbula, separa los dientes dejando la boca un poco entreabierta, aunque tus labios se toquen. Bajas ahora por tu cuello, brazos, espalda, pecho, vientre, glúteos, muslos, pantorrillas y hasta la punta de los dedos de tus pies.

5. Cada vez que cojas el aire de la respiración tomas de este color blanco a través de la flor y cuando echas el aire lo repartes hacia tu brazo DERECHO. Este comienza a teñirse más y más de blanco luminoso soltando todos sus músculos.

Ahora imaginas que tu brazo es una GOMA ELÁSTICA que estiras y estiras y dejas caer.

Sintiéndolo te repites varias veces mentalmente: MI BRAZO DERECHO ESTÁ BLANDO

6. De nuevo este color blanco va a bajar pero ahora hacia mi brazo IZQUIERDO, se va tiñendo de este color blanco.

Imaginas que es una goma elástica que estiras y estiras y dejas caer.

Te repites mentalmente: MI BRAZO IZQUIERDO ESTÁ BLANDO.

7. Ahora tu atención se centra en brazos y piernas, imaginando cómo se van tiñendo más de este color blanco por cada rincón, te repites cada frase varias veces:
BRAZOS Y PIERNAS BLANDOS

83

BRAZOS Y PIERNAS CALIENTES
BRAZOS Y PIERNAS BLANDOS Y CALIENTES
8. Tu atención se dirige ahora al vientre, llevas aquí más color blanco que cae hacia abajo con tu respiración y te repites:
VIENTRE BLANDO Y CALIENTE
BRAZOS, PIERNAS Y VIENTRE BLANDOS Y CALIENTES
9. Tu cuerpo se encuentra ahora en una situación agradable de relajación. Observa respetuosamente tu respiración como si fueras un espectador, cómo entra y sale el aire, es la respiración que tu cuerpo adopta cuando estás en un estado de relajación. Piensa con cada inspiración: ESTOY. Sólo con esta palabra das un sentido de presencia aquí y ahora, en este instante de esta inspiración ESTOY.
Además cuando el aire sale piensa en la palabra: TRANQUILO, TRANQUILA. Nota esa sensación de serenidad mientras sale el aire, con cada espiración te adentras en una serenidad más profunda.
ESTOY TRANQUILO, ESTOY TRANQUILA
Aquí puedes estar todo el tiempo que quieras dejándote mecer por tu respiración.
10. Lleva ahora tu atención, de nuevo, a tus brazos, piernas y vientre y te repites varias veces mentalmente: BRAZOS, PIERNAS Y VIENTRE BLANDOS Y CALIENTES
11. Recuerda el lugar donde estás y disponte a hacer el RETROCESO enérgicamente para pasar a un perfecto estado de vigilia.

Ahora haz el retroceso:
• Inspiración profunda.

- Abrir los ojos.
- Sacudir los brazos con energía.

Puede que hayas tenido la sensación de no estar respirando porque los movimientos eran muy suaves y necesitabas coger poco aire, pero sólo se trata de disminución de la amplitud del movimiento.

En algunos casos puede ir cambiando el ritmo respiratorio durante el ejercicio, si esta modificación ocurre espontáneamente, está bien, pero que no sea producto de nuestra intervención.

A veces, durante los ejercicios, puede que un miembro, brazo o pierna, se dispare y se mueva espontáneamente de forma brusca, esto a veces ocurre cuando nos disponemos a dormir, "descarga autógena" lo llamó Luthe, quien experimentó mucho con el entrenamiento autógeno de Schultz. Lo interpretaba como una descarga de tensión que estaba retenida, almacenada en algún músculo o grupo muscular y aprovechaba el cuerpo un cierto grado de relajación para descargarse. De manera que si te ocurre no intentes evitarlo ni te preocupes por ello porque es buena señal.

No hay método de relajación ni de meditación que no dedique un sitio especial y central a la respiración, parece algo sencillo, que ya hacemos automáticamente, sin embargo, lo difícil es poder observarla sin modificar nada, para así poder desarrollar el arte de la observación de nosotros mismos y llegar a conocernos un poco más en nuestro estado más natural y fluido.

Precisamente la relajación nos ayuda a dar espacio a toda emoción que pueda aparecer, por ejemplo, sentimientos de desmoralización, de injusticia, de rabia, de enfado, de tristeza, etc. A veces, las diferentes situaciones, a cada uno, nos hace revivir cosas que guardamos dentro y que su reactivación supone una gran oportunidad para verlo y quizá darle un lugar mejor en nosotros.

RELAJACIÓN MENTAL VERDE MANZANA

CAPÍTULO 8: LA IMAGINACIÓN

A partir de aquí comienza la parte de relajación mental, el momento en el que empezaremos a sacarle partido a este estado de relajación física y desde aquí aprenderemos a utilizar nuestra imaginación. Además tenemos ya mucho camino andado pues hemos estado trabajando pensamientos y cuerpo a la vez, de esta manera el efecto será mucho más potente. Ahora podremos trabajar mucho mejor también con las emociones.

Se trata, a partir de ahora, de sacar cosas de nuestro interior tal y como se talla una figura sacándola de una gran piedra de mármol. Pueden aparecer cosas que estaban en el inconsciente y pasan a lo consciente, de la mente al cuerpo, de la idea a la realización o del cerebro derecho al izquierdo.

El caso de la imaginación es curioso pues suelo encontrarme con personas que no se describen como creativas en absoluto, sin embargo, utilizan una gran creatividad para estar pensando siempre en el pasado o en el futuro, siempre consiguen estar pensando en algo que les preocupa, cuando el tema se les acaba entonces buscan otro. Y los peligros más insospechados e irreales se les ocurren a ellos. Entonces es cuando yo digo que imaginen cómo sería utilizar todo ese esfuerzo, energía y creatividad de una manera que les haga sentir bien y en su propio beneficio.

Evidentemente esas costumbres se mantienen porque una parte de la persona cree que es útil o que le hace un bien pensar así, pero lo que no saben es que, mientras piensan en cómo podría caer un asteroides, se les pasa desapercibido cómo alguien introduce la mano en su bolsillo robándole la cartera.

Es decir que nos entretenemos en cosas irreales mientras descuidamos el verdadero peligro. Es lo mismo que si me cuentas que tienes dificultades para dormir, que tardas horas en dormirte cada noche pero que no tienes tiempo para hacer relajación. Vaya, seguramente en esas horas la mente está ocupada en preocuparse de muchas cosas y cree que está solucionando algo con ello.

Cuestión fundamental: estar muy protegido no significa estar bien protegido.

Tener mecanismos de defensa es muy necesario, pero si son defensas muy rígidas no podrán dejarnos vivir bien, en cambio si son flexibles podremos ponerlas y quitarlas cuando lo necesitemos, se trata de eso. Se podría poner el mismo ejemplo de la puerta giratoria que comentaba al principio respecto a la salida y entrada de la relajación, en este caso se trata de tener la flexibilidad constante para poner y quitar defensas. Por ejemplo, en el trabajo necesitamos una forma de determinada de defendernos pero cuando llegamos a casa, en la intimidad, esas mismas defensas pueden terminar con nuestra relación de pareja, que requiere apertura, cariño, comprensión y compartir nuestra vulnerabilidad con la otra persona, eso es lo que hace los lazos de unión, de vínculo, ya sea en pareja, familia o en relaciones de amistad.

Cuando se tiene un funcionamiento en el que no se ponen en marcha las defensas adecuadas en cada momento, podremos ver que detrás hay unas creencias que lo están manteniendo, si detectamos la creencia y vemos que no está ajustada a la realidad podremos trabajarla.

Todos los ejercicios que te voy proponiendo aquí son precisamente para que tomes conciencia de cuáles son tus creencias y puedas descubrir cuáles se ajustan a la realidad y cuáles no, esto es importante porque mientras pierdes el tiempo funcionando con creencias falsas no alimentas a las creencias más sanas, ajustadas a la realidad y que te llevarán a un mejor funcionamiento en todos los sentidos.

Todos cuando volvemos a pensar en esto nos damos cuenta de la gran contradicción en la que caemos y hasta nos hace gracia, ¿pero realmente estamos dispuestos a hacer algo diferente que nos lleve por fin a salir del laberinto?. Si tu respuesta es afirmativa entonces sintiéndolo mucho toca trabajar para conseguirlo. Son muchos años acostumbrados a hacer las cosas de una determinada manera, a pensar de una forma y a tener bucles a los que posiblemente ya se les ha cogido cariño, es algo muy familiar para nosotros y además es una cosa que hacemos con la sensación de no estar controlándolo pues ya se ha vuelto un funcionamiento automático.

Relajación mental

Si queremos compensar tantos años de malos hábitos de pensamientos y emociones rechazadas, tenemos que hacer un esfuerzo, sobre todo al principio, pues una vez que hayamos salido tan sólo una vez del laberinto, cada vez que nos volvamos a meter sabremos que si una vez hemos conseguido salir, lo podremos conseguir otra vez más, y así iremos haciendo lo que llamo un *currículum de experiencias positivas.* Y no harán otra cosa que retroalimentarse y crecer constantemente hasta que tengan mucha más fuerza que las experiencias negativas o imaginadas. De esta manera estará más claro quién es el jefe ahí dentro, en ese puzzle interior.

De momento desarrollaremos una serie de herramientas, de trucos imaginativos, para manejar nuestra creatividad en beneficio propio. Al fin y al cabo la mayor parte del tiempo, como decíamos, solemos estar imaginando cosas pasadas o cosas futuras, pues en este caso se trata de utilizar esa misma habilidad para nuestro bienestar y controlándola nosotros, de una manera constructiva, voluntaria y consciente. Además, cuando nos relajamos, este proceso de imaginación se facilita y se realiza con más viveza.

Para el cuerpo, en ocasiones, no existen diferencias entre lo que imaginamos y lo que realmente ocurre. Esto es importante porque continuamente estamos imaginando cosas, y si es de una manera muy negativa y marcada puede terminar afectando a nuestro cuerpo como si fueran reales. Pero la clave está en que algo lo lleguemos a creer de verdad y entonces es cuando nos puede afectar de una manera u otra.

Al imaginar se favorece que el cerebro se sincronice en ritmo alfa, esto es simplemente un ritmo más lento que el cerebro adquiere cuando estamos más tranquilos y si se consigue estar en este ritmo se imagina mejor, también favorece la memoria, el aprendizaje y la creatividad. Por esta razón resulta de un mayor potencial aprender estrategias cognitivas y emocionales para el bienestar dentro del entrenamiento en relajación, es otra razón por la que este método se llama Relajación Integrativa.

Así hay capacidades que tienen que ver conmigo hacia fuera, en las que el cerebro funciona en ritmo beta y otras que tienen que ver conmigo hacia dentro, que se asocian a un ritmo cerebral alfa.

Hay un ejercicio que ayuda a la sincronización del ritmo cerebral, consiste en que, estando con los ojos cerrados, realicemos un movimiento muy suave hacia arriba con los ojos, como si mirásemos hacia el centro de la frente o el entrecejo. Este giro lo podemos utilizar como una señal de que vamos a empezar a trabajar con nuestros sentidos internos, conectando con ellos, como un interruptor de los mismos.

Haremos el ejercicio como hasta ahora y en un momento determinado te diré "realiza un giro con los ojos para conectar tus sentidos internos". Lo haces y luego los vuelves a su postura normal, pues no se trata de pasarse todo el ejercicio con los ojos hacia arriba, sino sólo por unos momentos, y recuerda que es un movimiento muy suave. A continuación te diré que imagines un objeto.

Además ahora comenzamos con el color verde manzana que simboliza la relajación mental.

EJERCICIO 8: LA IMAGINACIÓN (EL LIMÓN)

1. Postura cómoda sin cruzar las piernas y con los brazos sobre los del sillón o sobre las piernas.
2. Cierra los ojos.
3. Ahora te repites varias veces mentalmente: ESTOY TRANQUILO/A (aunque no estés tranquilo esto es como una declaración de intenciones), recuerda situaciones agradables, en las que has sentido tranquilidad.
4. Llevas ahora tu atención encima de tu cabeza, imaginas un precioso SOL y un inmenso cielo azul. Encima de la coronilla de tu cabeza está esa preciosa FLOR de color blanco. Al caer los rayos del sol en sus hojas este color blanco se convierte en un blanco luminoso. Ahora cada vez que cojas el aire de la respiración tomas de este color BLANCO a través de la flor y cuando echas el aire lo repartes hacia abajo, por TODO TU CUERPO, así comienzas a asegurarte de que no estás manteniendo ninguna tensión voluntariamente, vas soltando todos tus músculos. Comenzando por los músculos del cuero cabelludo que hay por toda la cabeza. Ahora te centras en los músculos de la cara, relajas la frente, el entrecejo, los párpados pesan más y más, dejas caer tus mejillas, también dejas aflojarse tu mandíbula, separa los dientes dejando la boca un

94

poco entreabierta, aunque tus labios se toquen. Bajas con tu atención ahora por tu cuello, brazos, espalda, pecho, vientre, glúteos, muslos, pantorrillas y hasta la punta de los dedos de tus pies.

5. Cada vez que cojas el aire de la respiración tomas de este color blanco a través de la flor y cuando echas el aire lo repartes hacia tu brazo DERECHO. Este comienza a teñirse más y más de blanco luminoso soltando todos sus mús-culos.

Ahora imaginas que tu brazo es una GOMA ELÁSTICA que estiras y estiras y dejas caer.

Sintiéndolo te repites varias veces mentalmente: MI BRAZO DERECHO ESTÁ BLANDO

6. De nuevo este color blanco va a bajar pero ahora hacia mi brazo IZQUIERDO, se va tiñendo de este color blanco.

Imaginas que es una goma elástica que estiras y estiras y dejas caer.

Te repites mentalmente: MI BRAZO IZQUIERDO ESTÁ BLANDO.

7. Tu atención se centra en brazos y piernas, imaginando cómo se van tiñendo más de este color blanco por cada rincón, te repites cada frase varias veces:

BRAZOS Y PIERNAS BLANDOS

BRAZOS Y PIERNAS CALIENTES

BRAZOS Y PIERNAS BLANDOS Y CALIENTES

8. Tu atención se dirige ahora al vientre, llevas aquí más color blanco que cae hacia abajo con tu respiración y te repites:

VIENTRE BLANDO Y CALIENTE

BRAZOS, PIERNAS Y VIENTRE BLANDOS Y CALIENTES

9. Tu cuerpo se encuentra ahora en una situación agradable de relajación. Observa respetuosamente tu respiración como si fueras un espectador, cómo entra y sale el aire, es la respiración que tu cuerpo adopta cuando estás en un estado de relajación. Piensa con cada inspiración: ESTOY. Sólo con esta palabra das un sentido de presencia aquí y ahora, en este instante de esta inspiración.

Además cuando el aire salga piensa la palabra: TRANQUILO, TRANQUILA. Nota esa sensación de serenidad mientras sale el aire, con cada espiración te adentras en una serenidad más profunda.

ESTOY TRANQUILO, ESTOY TRANQUILA

Aquí puedes estar todo el tiempo que quieras.

10. Ahora imagina EN TU MENTE una PANTALLA DE COLOR VERDE MANZANA, cada vez que coges el aire de la respiración, tomas de este color verde manzana y al echar el aire lo repartes hacia abajo por todo tu cuerpo creando una mayor sensación de paz y de tranquilidad, es la relajación mental.

11. Realiza un giro con tus ojos para conectar con tus sentidos internos e imagina un LIMÓN, imagina el tamaño, el peso, el color, la textura de la piel…, observa si hay partes en las que brilla la luz en él, también si la textura es más irregular en algunas partes. Abre el limón por la mitad, imagina la pulpa del limón, quizá una gota de zumo escurra por la superficie de corte, huélelo y recuerda el sabor….

Relaja ahora tus párpados y observa de nuevo tu respiración tranquila, repite de nuevo mentalmente: ESTOY TRANQUILO/A.

12. Lleva tu atención de nuevo a tus brazos, piernas y vientre y te repites varias veces mentalmente: BRAZOS, PIERNAS Y VIENTRE BLANDOS Y CALIENTES

13. Recuerda el lugar donde estás y disponte a hacer el RETROCESO enérgicamente para pasar a un perfecto estado de vigilia. Ahora haz el retroceso:

• Inspiración profunda.
• Abrir los ojos.
• Sacudir los brazos con energía

CAPÍTULO 9: ATENCIÓN PLENA (COMER UNA PASA)

La atención plena o mindfulness es la capacidad de la mente para funcionar con el modo orientado a ser y no con el modo orientado a la acción, como tanto acostumbramos de forma automática. El modo orientado a ser es el antídoto contra los problemas que crea el exceso de modo orientado a la acción.

Y no es que sea malo el modo orientado a la acción, en absoluto, lo que resulta perjudicial es el exceso de acción en ocasiones en las que sí se necesita estar atento a la tarea que se realiza para tener un mayor rendimiento. Como con todo se requiere el punto justo, equilibrado y moderado para un buen funcionamiento. Aquí podemos volver a recordar el mito de "si eso es bueno, más será mejor". No es más que una creencia y no es cierta pues si el agua es buena, 7 litros al día te pueden matar.

Me gustó mucho una pregunta que me hicieron en un grupo de entrenamiento en relajación, la pregunta era si es lo mismo el estado de flujo y ese estado en el que, por ejemplo, vas conduciendo y durante un trayecto no eres consciente de por dónde habías pasado y, sin embargo, has ido conduciendo perfectamente y con seguridad. Pues no, es justo lo contrario. La diferencia es que en el estado de flujo hay un conectar consigo mismo para centrarse en la tarea plenamente, pero en ese otro estado la tarea es realizada automáticamente, en modo acción. El modo acción es necesario, por ejemplo, para ahorrar energía en nuestra vida cotidiana y no tener que centrarnos, en cada momento, en los movimientos que tenemos que hacer al conducir, como cuando aprendimos.

Si pretendiéramos estar en modo orientado a ser todo el tiempo, prescindiendo del modo orientado a la acción, podríamos echar a perder toda nuestra vida, esto es lo que experimenta una persona que ha caído en la trampa de la evasión espiritual, aunque no sea consciente de ello, puede que esté descuidando toda su vida precisamente para meditar, cuando supuestamente practica la meditación para entrenar el modo orientado a ser y vivir la vida más plenamente. Esto es mucho más frecuente de lo que podamos pensar y con bastante seguridad todos caemos en algún tipo de evasión.

Como conclusión se trata de que, sea cual sea, la práctica saludable que hagas en tu vida, la utilices en una medida adecuada para que su efecto sea óptimo, es como cocinar, se debe echar la cantidad de ingredientes justa para que el sabor de la comida sea equilibrado, no nos podemos pasar en la sal ni en el vinagre, o echaremos a perder la comida. Aquí resaltaría dos palabras importantes a tener en cuenta y son adaptación y equilibrio.

Además la clave está en las prácticas saludables que tengas en tu vida y en cómo las utilices, ya sea deporte, arte, lectura, meditación, yoga, relajación, masajes, etc. Hacer cosas saludables está muy bien pero más importante puede resultar cómo se utilicen estas prácticas, pues si se van a realizar en detrimento de otras cosas importantes de tu vida entonces quizá ya no sea tan saludable sino que suponga más bien una dependencia y un problema.

Pues bien, la atención plena es la consciencia que emerge al prestar atención, de forma deliberada, en el momento presente y sin juzgar, a las cosas tal como son. Describe un estado que es justo el que se activa cuando entramos en el estado de relajación.

Los pensamientos que nos juzgan pueden ser muy poderosos, tanto que pueden hacer que padezcamos depresión una y otra vez si no tratamos estos bucles de pensamientos. La cuestión es que tratamos de salir de la depresión con más de estos pensamientos, es decir, pretendemos salir de la depresión diciéndonos por ejemplo:

- Ya estás otra vez pensando cosas negativas, así no puedes seguir, eres un desastre...

Claro, no resulta muy alentador, esto nos hace sentir peor y más bien parece que la consecuencia es adentrarnos más en la depresión. Es decir, que podemos tener la intención de estar mejor y de solucionarlo con nuestra capacidad analítica pero la estrategia que utilizamos es nuevamente a través de más pensamientos distorsionados. De esta forma nuestros intentos de salir de la depresión se pueden convertir en arenas movedizas que nos llevan a meternos más en el barro. Este es el círculo vicioso que puede estar latente en todos nosotros, sin necesidad de padecer depresión.

En personas que han tenido depresión y ésta vuelve a aparecer se ve muy claro cómo existen círculos viciosos o bucles en los que se expresa la estrecha relación que hay entre pensamientos, emociones y cuerpo.

Esto no quiere decir que los pensamientos sean el origen de todo, no es tan sencillo, no podemos decir cuál de los tres frentes está antes, pues simplemente interactúan de una forma muy encadenada, unas veces nos sentimos mal porque hemos estado pensando cosas negativas sobre nosotros mismos y otras veces nos sentimos mal porque hemos vivido una situación negativa para nosotros y luego es cuando se activan los pensamientos y nuestra manera particular de afrontar esa situación. Por otra parte si atendemos y tratamos bien el cuerpo, eso nos hará sentir bien, a la vez los pensamientos y emociones afectan al cuerpo. Es todo un engranaje que cuando actúa de forma descoordinada es cuando vienen los problemas.

Respecto a este tema del engranaje que suponen los tres centros sería un error querer dar más importancia a uno en detrimento del otro, cada ámbito tiene su propia importancia y sus funciones y los tres son importantes, sólo que tienen funciones diferentes, aunque complementarias, de manera que se necesitan los tres.

Esto es algo que considero muy importante pues una de las cosas a las que más nos hemos dedicado en los últimos tiempos, en el mundo académico de la psicología, es a tratar de dar más importancia a un ámbito en detrimento de los otros, dependiendo de la escuela a la que uno estuviera adherido como profesional.

Así unas escuelas han dado más importancia a la conducta humana con el conductismo, otras a los pensamientos con el cognitivismo, actualmente unido en la corriente cognitivo-conductual, y otras escuelas dan más importancia a lo emocional en detrimento de lo congnitivo-conductual.

Hay más escuelas, cada una con su diferente aportación o combinación, y creo que se merecen todo el respeto, siempre que seamos conscientes tanto de las bondades de esa corriente y los descubrimientos que ha supuesto para todos nosotros, como de las limitaciones, pues es imposible que la teoría y práctica de una sola escuela sirva para solucionar todos los complejos problemas que suelen existir en el ser humano, sobre todo cuando la escuela se basa en principios muy reduccionistas. Además es imposible que a todas las personas les sirva lo mismo.

Por otra parte es necesario comenzar a tener una visión amplia en la que el ser humano se vea como algo multidimensional, característica que obliga a tener en cuenta todos sus aspectos, libre de ningún prejuicio respecto a escuelas y orientaciones. De hecho lo más sensato es tener como prioridad la eficacia del tratamiento y las necesidades de la persona, no necesariamente todo lo que dice la escuela donde se ha estudiado, si es que ésta no tiene en cuenta sus propias limitaciones. Ésta es la razón por la que la mayor parte de los psicoterapeutas, en la práctica, se consideran eclécticos.

Yo lo que propongo aquí es una verdadera psicoterapia integral, que sepa respetar todas las escuelas y que pueda centrarse en la elaboración de planes individualizados y, dentro de las técnicas que cada profesional maneje, se utilicen las que sean necesarias para la solución de la problemática que se presente, pero de una manera explícita y planificada.

Las tendencias académicas más contemporáneas se decantan por lo que Theodore Millon (psicólogo estadounidense pionero en la investigación sobre la personalidad) llama Psicoterapias Integracionistas en las que se toman en cuenta de manera bien integrada las escuelas psicodinámica, biológica, cognitiva e interpersonal para la intervención en cualquier tipo de problemática, especialmente en los trastornos de la personalidad. Como él mismo dice, la terapia consiste en: "Entender al paciente multidimensionalmente. La amplitud sinérgica es la tendencia futura en terapias para el siglo XXI." De su libro: Trastornos de la personalidad en la vida moderna.

Tener en cuenta todo esto siempre podrá servir de ayuda a la hora de elegir el tipo de terapia que una persona crea que puede necesitar en algún momento de su vida, o elegir la que va a solucionar mejor su problema, aunque también depende en gran medida del propio terapeuta y de la afinidad que sienta esa persona con el profesional. No obstante el éxito de la terapia también va a depender en gran medida del trabajo y esfuerzo que la persona ponga de su parte.

De manera que, ante los bucles de pensamientos negativos, una de las cosas que podemos hacer es prestar atención a nuestro cuerpo, ver qué ocurre en nuestro cuerpo mientras estamos pensando cosas negativas, esto puede hacer que el bucle se detenga y que además descubramos algunas cosas sobre lo que nos está pasando.

Para practicar esta conexión con tu cuerpo entrena con cosas sencillas como comer una pasa. Te propongo un ejercicio adaptado del libro *Vencer la depresión, descubre el poder de las técnicas del mindfulness*, de Jon Kabat-Zinn y otros autores. Prepárate para comer la pasa más rica que nunca hayas probado.

EJERCICIO 9: ATENCIÓN PLENA (COMER UNA PASA)

1. Coges una pasa y la mantienes en la palma de tu mano o bien la coges con los dedos. Concéntrate en la pasa como si nunca hubieras visto nada igual.
2. Observas la pasa tomándote tu tiempo para verla realmente, mírala despacio prestándole toda tu atención. Explora cada centímetro, todos sus relieves, las partes donde está más hundida o los salientes que tiene, el color y el brillo que cambia de unas partes a otras y cualquier característica especial.
3. Tocas la pasa entre tus dedos y exploras su textura tanto con los ojos abiertos como con los ojos cerrados.
4. Huele la pasa acercándola a tu nariz, así cada vez que cojas el aire absorbe todo su aroma y a su vez nota cualquier sensación que pueda surgir en tu cuerpo, en tu boca o en tu estómago.

5. Llévala a la boca lentamente, primero a los labios, luego la sitúas dentro de la boca sin masticarla aún. Observa qué reacciones hay en tu boca y explora las sensaciones también con la lengua.

6. Saboréala y cuando sientas que es el momento, te preparas para masticarla y observas dónde necesitas colocarla para ello. Ahora comienzas a masticarla muy conscientemente una o dos veces y observa de nuevo qué ocurre, experimentando las olas de sabor que emanan de ella mientras sigues masticando. Aún sin tragar nota las sensaciones desnudas del sabor y su textura y cómo pueden cambiar de instante a instante.

7. Traga la pasa cuando sientas que está preparada, observa si antes puedes detectar la intención de tragar mientras surge, así podrás experimentar conscientemente esa intención antes de tragarla.

8. Sigue observando qué ha quedado de la pasa mientras se mueve hacia el estómago y nota también cómo se siente tu cuerpo en su conjunto después de terminar el ejercicio.

En esta próxima semana estaría bien que, en alguna ocasión, cuando vayas a comer, te acuerdes de este ejercicio y hagas algo parecido, quizá no tan despacio pero sí mucho más de lo que seguramente lo sueles hacer. Ya sea más o menos despacio, lo más importante es que lo hagas con atención plena. Estoy segura de que si lo pruebas, toda la comida te parecerá mucho más rica.

CAPÍTULO 10: CREACIÓN DEL ESPEJO

Precisamente los ejercicios anteriores, sobre todo, el del limón, ya nos preparaban para comenzar a desarrollar un poco más la imaginación, aunque haya personas que tengan más o menos facilidad para imaginar, siempre es una habilidad que se puede desarrollar y que está directamente relacionada con la creatividad, y ya sabemos lo importante que es ésta para inventar, realizar cosas e incluso para dar una solución creativa a nuestros problemas o sufrimientos.

Aunque también al dolor hay que dejarle su espacio, no se trata de solucionar en el sentido de hacer desaparecer el problema o sufrimiento cuanto antes, pues hay cosas que no se pueden evitar e incluso no es conveniente evitar, necesitando su tiempo, pero sí se puede cambiar nuestra manera de afrontarlo y podemos dar espacio y dejar sentir todo lo que aparezca sin juzgar, o al menos permitiéndolo más.

Nos centraremos con la imaginación para construir un espejo en el que nos vamos a ver reflejados. Primero imaginamos un marco, con todo detalle, el más bonito para nuestro espejo, con el marco resulta más sencillo imaginar un espejo dentro. Se elige el material que quieres para tu marco, el color, el acabado, el relieve y las dimensiones. Luego en el espejo imaginaremos nuestra imagen, la mejor que tengamos o la que más bien nos haga en estos momentos, quizá dándonos espacio para todos esos sentimientos que se despliegan ante un suceso que ya de por sí es frustrante, podemos observar eso con nuestra mejor disposición, cada uno tendrá que elegir qué es lo mejor. Puedes imaginarte sonriendo, saludable, con la cara más relajada, feliz, sin fumar, etc.

Se trata de ver la imagen que nos gustaría tener de nosotros mismos, mejorando aquellas cosas que nos gustaría cambiar. Ante el espejo, sin ganas de fumar, de buen humor, con los pulmones limpios y las vías respiratorias despejadas, aceptando y dando espacio a ese enfado que aparece frecuentemente, o aceptando el miedo constante sobre cosas futuras que son bastante improbables, comprendiéndolo como un pequeño niño que necesita una cariñosa explicación de que no va a pasar nada, que eso no es real y acogiéndolo con comprensión en nosotros, tratando de comprender también si lo que hacemos, en general, es rechazarlo y eso es lo que provoca que se active cuando no hace falta.

Las aplicaciones de la técnica son tantas como se quiera, sólo tienes que poner en juego alguno de estos "trucos" imaginativos, pudiendo comprobar si funciona o no. Las condiciones necesarias para que tenga éxito son:

• Una necesidad real de cambiar algo.
• Aceptar la posibilidad de que puede funcionar.
• Práctica.

Una de las propuestas que tengo para ti, aparte de las que a ti se te ocurran, es que una vez construyas el espejo dentro de la relajación puedas poner en él algunas frases útiles y razonables de la tercera columna, respecto al ejercicio de las tres columnas que habíamos dejado atrás, así te propongo unos ejemplos:

AUTOAFIRMACIÓN	ERROR DE PENSAMIENTO	RESPUESTA RACIONAL
Me ha salido mal el ejercicio, nunca consigo nada.	Generalización excesiva	¡Tonterías! He conseguido muchas cosas.
Siempre llego tarde.	Generalización excesiva	Hoy he llegado tarde, eso no significa que sea siempre.
Se va a fijar en las partes más flojas de mi exposición.	Filtro mental	Van a escuchar toda mi exposición completa y tiene partes muy buenas.
Siento que me equivoco continuamente.	Razonamiento emocional	Sólo me he equivocado ahora y por eso me siento mal. Eso no quiere decir que sea continuamente y si no me equivocara

		tampoco aprendería.
Me están mirando mal, seguro que no les he caído bien.	Lectura del pensamiento	No tengo ni idea de cómo les caigo, ni siquiera sé si es a mí a quien están mirando.

Incluso si esta tabla la personalizas y construyes la tuya propia, con frases realmente tuyas, más que mejor, así te acostumbrarás a tener a mano una serie de razonamientos y frases que podrás ir utilizando en momentos en los que los necesites para sustituir a las frases no tan razonables. Cuanto más practiques este ejercicio con más probabilidad empezarás a pensar con este tipo de respuestas más racionales y ajustadas a la realidad. Esto irá contribuyendo a deshacer algunas creencias sobre ti que son falsas.

Vamos ahora con el ejercicio del espejo, luego podrás utilizarlo para lo que quieras.

EJERCICIO 10: CREACIÓN DEL ESPEJO

1. Postura cómoda sin cruzar las piernas y con los brazos sobre los del sillón o sobre las piernas.
2. Cierra los ojos.
3. Ahora te repites varias veces mentalmente: ESTOY TRANQUILO/A (aunque no estés tranquilo esto es como

una declaración de intenciones), recuerda situaciones agradables, en las que has sentido tranquilidad.

4. Llevas ahora tu atención encima de tu cabeza, imaginas un precioso SOL y un inmenso cielo azul. Encima de la coronilla de tu cabeza está esa preciosa FLOR de color blanco. Al caer los rayos del sol en sus hojas este color blanco se convierte en un blanco luminoso. Ahora cada vez que cojas el aire de la respiración tomas de este color BLANCO a través de la flor y cuando echas el aire lo repartes hacia abajo, por TODO TU CUERPO, así comienzas a asegurarte de que no estás manteniendo ninguna tensión voluntaria-mente, vas soltando todos tus músculos. Comenzando por los músculos del cuero cabelludo que hay por toda la cabeza. Ahora te centras en los músculos de la cara, relajas la frente, el entrecejo, los párpados pesan más y más, dejas caer tus mejillas, también dejas aflojarse tu mandíbula, separa los dientes dejando la boca un poco entreabierta, aunque tus labios se toquen. Bajas ahora por tu cuello, brazos, espalda, pecho, vientre, glúteos, muslos, pantorrillas y hasta la punta de los dedos de tus pies.

5. Cada vez que cojas el aire de la respiración tomas de este color blanco a través de la flor y cuando echas el aire lo repartes hacia tu brazo DERECHO. Éste comienza a teñirse más y más de blanco luminoso soltando todos sus músculos. Ahora imaginas que tu brazo es una GOMA ELÁSTICA que estiras y estiras y dejas caer.

Sintiéndolo te repites varias veces mentalmente: MI BRAZO DERECHO ESTÁ BLANDO

6. De nuevo este color blanco va a bajar pero ahora hacia mi brazo IZQUIERDO, se va tiñendo de este color blanco.

Lo imaginas como una goma elástica que estiras y estiras y sueltas, dejas caer.

Te repites mentalmente: MI BRAZO IZQUIERDO ESTÁ BLANDO.

7. Ahora tu atención se centra en brazos y piernas, imaginando cómo se van tiñendo más de este color blanco por cada rincón, te repites cada frase varias veces:

BRAZOS Y PIERNAS BLANDOS
BRAZOS Y PIERNAS CALIENTES
BRAZOS Y PIERNAS BLANDOS Y CALIENTES

8. Tu atención se dirige ahora al vientre, llevas aquí más color blanco que cae hacia abajo con tu respiración y te repites:

VIENTRE BLANDO Y CALIENTE
BRAZOS, PIERNAS Y VIENTRE BLANDOS Y CALIENTES

9. Tu cuerpo se encuentra ahora en una situación agradable de relajación. Observa respetuosamente tu respiración como si fueras un espectador, cómo entra y sale el aire, es la respiración que tu cuerpo adopta cuando estás en un estado de relajación. Piensa con cada inspiración: ESTOY. Sólo con esta palabra das un sentido de presencia aquí y ahora, en este instante de esta inspiración.

Además cuando el aire salga piensa en la palabra: TRANQUILO, TRANQUILA. Nota esa sensación de serenidad mientras sale el aire, con cada espiración te adentras en una serenidad más profunda.

ESTOY TRANQUILO, ESTOY TRANQUILA

Aquí puedes estar todo el tiempo que quieras.

10. Ahora imagina EN TU MENTE una PANTALLA DE COLOR VERDE MANZANA, cada vez que coges el aire de la respiración tomas de este color verde manzana y al echar el aire lo repartes hacia abajo por todo tu cuerpo creando una mayor sensación de paz y de tranquilidad, es la relajación mental.

11. Tus ojos, que continúan cerrados, hacen un suave movimiento hacia arriba para conectar con tus sentidos internos, y con tu imaginación vas a crear ante ti el marco de un espejo, que tenga la forma, el color y el material que tú desees. Imagina ante el espejo tu mejor imagen posible, con un aspecto saludable, feliz. Salúdate con una sonrisa.

Ésta es la imagen con la que vas a poder trabajar en lo sucesivo en tu propio beneficio.

12. Relaja ahora los ojos y párpados, observa tu respiración tranquila, repite de nuevo mentalmente: ESTOY TRAN-QUILO/A

13. Lleva tu atención de nuevo a tus brazos, piernas y vientre y te repites varias veces mentalmente: BRAZOS, PIERNAS Y VIENTRE BLANDOS Y CALIENTES

14. Recuerda el lugar donde estás y disponte a hacer el RETROCESO enérgicamente para pasar a un perfecto estado de vigilia.

Haz ahora el retroceso:

• Inspiración profunda.
• Abrir los ojos.
• Sacudir los brazos con energía.

CAPÍTULO 11: CREACIÓN DEL PAISAJE INTERIOR

Una de las funciones de estos ejercicios es irnos acostumbrando a imaginar de una forma voluntaria y controlada. Una de las mejores formas que hay para poder trabajar con la imaginación es a través de una relajación física adecuada. Primero tenemos que producir sosiego en nuestro cuerpo, en nuestra casa, es donde vivimos.

Cuando hacemos la relajación física empezamos por desidentificarnos del cuerpo, decimos: "brazo derecho blando", ese brazo es mío pero no soy yo y lo observo, seguimos así con el resto del cuerpo. Así aprendemos a poner una distancia entre nuestro cuerpo y nosotros y al mismo tiempo hemos incrementado nuestra conciencia corporal.

Para poder incrementar también nuestra conciencia mental habrá que hacer un trabajo similar, tendremos que observar diferentes contenidos mentales. Cuanto más nos aferremos a nuestros pensamientos, más nos identifica-remos con ellos y menos posibilidades tendremos de cuestionarlos y cambiarlos, cuando sea necesario, sin embargo, son muchas las ventajas de observarlos, por ejemplo, podemos aprender de forma continuada, cosa que redundará en una mejor adaptación a cualquier circunstancia de nuestra vida al tener un mayor auto-conocimiento.

Al hacer el ejercicio de observación de los contenidos de la mente entonces nos desidentificamos en cierta medida de

115

ellos, de forma que ya hemos puesto un poco más de distancia, al menos hasta el punto de relativizarlos y de poder cuestionarlos.

Haremos con nuestra mente lo mismo que hicimos con el cuerpo. Observándola podremos empezar a transformar imaginaciones desagradables, a conocer y cambiar pensamientos y emociones que no se ajusten bien a la realidad.

Una vez aprendido este entrenamiento también puedes emplear la relajación en muchos otros momentos del día y en cualquier posición, de hecho ya tienes entrenamiento suficiente como para que no sea imprescindible la posición que describíamos el primer día, puede ser en cualquier posición que te resulte cómoda y no requiera esfuerzo muscular para mantenerla. También puede hacerse a lo largo del día en posiciones más corrientes, sentado en la oficina, en una cafetería, en la cola de alguna institución donde vamos a hacer papeleo, viendo la televisión, etc.

Esto es practicar para generalizar este aprendizaje y poder aplicarlo en otras situaciones, es muy importante este paso para que este entrenamiento vea cumplido uno de sus objetivos, que es asimilar esta técnica para su uso cuando se necesite, de una forma flexible.

Si vamos a practicar esto en cualquiera de esos lugares públicos lo mejor es que no cerremos los ojos para no asustar a nadie y que simplemente bajemos un poco la mirada hacia el suelo, sin bajar la cabeza, y luego desenfoquemos la vista.

Puedes relajarte estando de pie, lógicamente los músculos que tienen que ver con la postura estarán activos para mantenerla, sin embargo, se trata de relajar el resto de músculos que no se necesitan en ese momento. Por ejemplo, si tenemos que esperar de pie en un sitio lo mejor es poner los pies separados a la altura de las caderas o un poco más abiertos, así evitamos las oscilaciones laterales, además las rodillas las colocamos un poco flexionadas, así también podremos corregir fácilmente las oscilaciones anteroposteriores.

Puedes ensayar ahora, ya sea en la posición que tengas ahora mismo o modificándola, sentado cómodo, o bien de pie, los pasos a recordar serían:

APLICACIÓN PRÁCTICA

• Posición corriente en la que no haya que hacer esfuerzo muscular o de pie.
• Atención a los hombros, que estén relajados, hacia abajo.
• Mirada hacia abajo pero con la cabeza hacia el frente, desenfocas tu mirada.
• Atención a la respiración, imitando la que aparece cuando entrenas el ejercicio completo.
• Llevas tu atención a la respiración y cada vez que coges el aire imaginas que tomas del color blanco que pasa a través de la flor encima de tu cabeza, al echar el aire repartes este color blanco por todo tu cuerpo.

Lo mismo puedes hacer mientras paseas, basta con que prestes atención a la respiración e imagines el color blanco repartiéndose por todo tu cuerpo al ritmo de la respiración.

Como ves, aquí se hace lo contrario con la respiración, antes no se debía modificar, aquí se observa y voluntariamente se modifica para hacerla tranquila y relajada, para sincronizar la relajación con el cuerpo.

En el siguiente ejercicio emplearemos el marco del espejo como si fuera una puerta, se tratará de pasar por esa puerta hacia el otro lado, hacia el PAISAJE INTERIOR. Lo vas a construir tal y como quieras que sea. Lo único necesario es que cumpla 3 requisitos:

1. Que tenga vegetación.
2. Que tenga agua no estancada, ya sea río o mar.
3. Que haga sol.

En este paisaje estarás sólo tú, el agua estará accesible, es decir, que puedas llegar con facilidad a ella. Puede haber animales, si te gustan, pero mejor que no sean peligrosos. Es tu paisaje interno, tu refugio interior.

Los puntos suspensivos que verás entre las frases simboliza una pausa para disfrutar, si quisieras grabar tu voz para hacer los ejercicios, en los puntos sería el momento en que haces una pausa para luego disfrutar ese tiempo dentro del agua o secándote al sol. De todas formas puedes hacer las pausas que tú creas conveniente aunque no estén reflejadas en el escrito, de hecho te animo a que escribas las descripciones personalizadas del paisaje que más te gusten y luego lo utilices para tu grabación, será como escribir tu propio cuento para relajarte. Esto puede tener un mayor poder para hacer tuya esta técnica y personalizarla.

La vegetación la podrás usar como referencia para hacer un paseo que te lleve hasta el agua, por ejemplo, o hacia otros lugares que más tarde te indicaré y donde puedes trabajar con aplicaciones prácticas.

El agua la utilizaremos como símbolo de limpieza, de pureza, de apertura. En el próximo ejercicio llegarás hasta el agua, te bañarás, podrás echarte el agua por encima como algo que te limpia de cosas que te gustaría no tener, cansancio, por ejemplo, si sientes dolor de estómago puedes tomar un poco de ese agua para que te lo limpie o cualquier otra cosa que te moleste lo puedes lavar simbólicamente.

El sol puede ser símbolo de calor, vida, luz, alegría, energía. Así los rayos del sol te pueden proporcionar energía en tu paisaje interno.

Hay dos elementos nuevos a partir de ahora, el retroceso será diferente, será más lento y al ritmo de tu cuerpo, ya que has aprendido suficientemente a entrar y salir de una forma más rápida y condicionada, tu mente está más entrenada para no divagar y podrás salir de la relajación de forma pausada. Además ahora vas a hacer una foto dentro de tu paisaje interior para facilitar más el acceso a este estado.

EJERCICIO 11: CREACIÓN DEL PAISAJE INTERIOR

1. Postura cómoda sin cruzar las piernas y con los brazos sobre los del sillón o sobre las piernas.

2. Cierra los ojos.

3. Ahora te repites varias veces mentalmente: ESTOY TRANQUILO/A (aunque no estés tranquilo esto es como una declaración de intenciones), recuerda situaciones agradables de tu vida, en las que has sentido tranquilidad.

4. Llevas ahora tu atención encima de tu cabeza, imaginas un precioso SOL y un inmenso cielo azul. Encima de la coronilla de tu cabeza está esa preciosa FLOR de color blanco. Al caer los rayos del sol en sus hojas este color blanco se convierte en un blanco luminoso. Cada vez que cojas el aire de la respiración tomas de este color BLANCO a través de la flor y cuando echas el aire lo repartes hacia abajo, por TODO TU CUERPO, así comienzas a asegurarte de que no estás manteniendo ninguna tensión voluntariamente, vas soltando todos tus músculos. Comienzas por los músculos del cuero cabelludo que hay por toda la cabeza. Ahora te centras en los músculos de la cara, relajas la frente, el entrecejo, los párpados pesan más y más, dejas caer tus mejillas, también dejas que tu mandíbula se afloje, separa los dientes dejando la boca un poco entreabierta, aunque tus labios se toquen. Bajas ahora por tu cuello, brazos, espalda, pecho, vientre, glúteos, muslos, pantorrillas y hasta la punta de los dedos de tus pies.

5. Cada vez que cojas el aire de la respiración tomas de este color blanco a través de la flor y cuando echas el aire lo

repartes hacia tu brazo DERECHO. Éste comienza a teñirse más y más de blanco luminoso soltando todos sus músculos.

Ahora imaginas que tu brazo es una GOMA ELÁSTICA que estiras y estiras y sueltas, dejas caer.

Sintiéndolo te repites varias veces mentalmente: MI BRAZO DERECHO ESTÁ BLANDO

6. De nuevo este color blanco va a bajar pero ahora hacia mi brazo IZQUIERDO, se va tiñendo de este color blanco.

Imaginas que es una goma elástica que estiras y estiras y dejas caer.

Te repites mentalmente: MI BRAZO IZQUIERDO ESTÁ BLANDO.

7. Ahora tu atención se centra en brazos y piernas, imaginando cómo se van tiñendo más de este color blanco por cada rincón, te repites cada frase varias veces:

BRAZOS Y PIERNAS BLANDOS

BRAZOS Y PIERNAS CALIENTES

BRAZOS Y PIERNAS BLANDOS Y CALIENTES

8. Tu atención se dirige ahora al vientre, llevas aquí más color blanco que cae hacia abajo con tu respiración y te repites:

VIENTRE BLANDO Y CALIENTE

BRAZOS, PIERNAS Y VIENTRE BLANDOS Y CALIENTES

9. Tu cuerpo se encuentra ahora en una situación agradable de relajación. Observa respetuosamente tu respiración como si fueras un espectador, cómo entra y sale el aire, es la respiración que tu cuerpo adopta cuando estás en un estado de relajación. Piensa con cada inspiración: ESTOY. Sólo con esta

palabra das un sentido de presencia aquí y ahora, en este instante de esta inspiración.

Además cuando el aire salga piensa en la palabra: TRANQUILO, TRANQUILA. Nota esa sensación de serenidad mientras sale el aire, con cada espiración te adentras en una serenidad más profunda:

ESTOY TRANQUILO, ESTOY TRANQUILA

10. Ahora imagina en tu mente un PANTALLA DE COLOR VERDE MANZANA, cada vez que coges el aire de la respiración tomas de este color verde manzana y al echar el aire lo repartes hacia abajo por todo tu cuerpo creando una mayor sensación de paz y de tranquilidad, es la relajación mental.

11. Tus ojos, que continúan cerrados, hacen un suave movimiento hacia arriba para conectar con tus sentidos internos, y con tu imaginación vas a crear ante ti el marco de un espejo, que tenga la forma, el color y el material que tú desees. Imagina ante el espejo tu mejor imagen posible, con un aspecto saludable, feliz. Salúdate con una sonrisa.

Ésta es la imagen con la que vas a poder trabajar en lo sucesivo en tu propio beneficio.

12. Pasa ahora la puerta del espejo y ante ti crea tu PAISAJE INTERIOR, es tu refugio interior, estás solo contigo mismo, es tu momento, es un compromiso contigo, se trata de dedicar unos momentos a tu relación contigo, tú eres lo más importante ahora. Si sabes cuidarte sabrás cuidar de los demás. Crea tu paisaje a tu gusto y con todo detalle, con vegetación, con agua y con sol. Percibe y experimenta cada estímulo, ya sea el olor a hierba fresca, el canto de los pájaros, el rumor del agua....., la brisa agradable toca tu piel y puedes vivir

plenamente tanto tus sensaciones que provienen del interior como las que provienen del exterior....., date unos segundos para construir tu paisaje aún desde la puerta......., ahora camina despacio por tu paisaje, sintiendo el contacto de las plantas de tus pies con el suelo a cada paso........, disfruta del movimiento ligero de todo tu cuerpo...........

Ahora acércate al agua, coge un poco de ese agua cristalina entre tus manos, lávate la cara y con este lavado es como si todos los problemas y todas las preocupaciones se fueran..............., aprovecha si quieres para darte un baño, introduce tu cuerpo lentamente y sintiendo plenamente el contacto del agua con cada centímetro de tu piel.................

Sales ahora del agua poco a poco y te tumbas y desparramas en la hierba para secarte al sol.........

13. Ahora la pantalla de tu mente se tiñe de un color AZUL COMO EL DEL CIELO, cada vez que coges el aire de la respiración tomas de este color azul y al echarlo comienza a bajar hacia todo tu cuerpo creando una sensación más profunda de paz y de serenidad.

Haces ahora una FOTOGRAFÍA donde estés reflejado tú y todas tus sensaciones, también todos los detalles de tu paisaje. Quedará guardada en tu memoria para acceder aquí más fácilmente.

De hecho este estado en realidad no depende de nada ni de nadie, puedes acceder a él cuando tú quieras, sólo tienes que conectar con él......

Una vez que tu cuerpo está seco te levantas y paseas de nuevo hasta la puerta del espejo.

14. Pasa ahora la puerta del espejo hacia dentro y vuelve a verte en el espejo, imagínate sonriente y feliz.

15. Relaja ahora tus párpados, deja de imaginar y observa de nuevo tu respiración tranquila, repite mentalmente:
ESTOY TRANQUILO, ESTOY TRANQUILA

16. Siente los brazos, las piernas, el vientre y notándolos te repites: BRAZOS, PIERNAS Y VIENTRE BLANDOS Y CALIENTES.

17. Vuelves a llevar tu atención a la respiración, observando qué partes del cuerpo se mueven al respirar, te dejas mecer por ella.

Comienzas a mover lentamente los dedos de tus manos, disfrutando de cada movimiento. Ahora mueve los dedos de tus pies, las articulaciones, te estiras tal y como te pida tu cuerpo, recogiendo así toda la energía positiva que has desprendido alrededor de ti. En todo momento sigues disfrutando de los movimientos de tu cuerpo, quizá te pida bostezar. Abres los ojos y comienzas a observar todo cuanto está a tu alrededor como si fuera la primera vez, apreciando los detalles con mayor sensibilidad.

Una vez creado el paisaje conviene no cambiarlo sino que sea siempre el mismo, aunque se pueden ir añadiendo detalles y quitando algunas cosas que no nos gustan tanto en las primeras veces que accedemos a él. No obstante si llevamos un tiempo con un paisaje y queremos cambiarlo podemos hacerlo aunque conviene que se mantenga luego el nuevo paisaje.

APLICACIONES PRÁCTICAS
AZUL COMO EL CIELO

CAPÍTULO 12: CREACIÓN DE LA MORADA INTERNA

Como has visto ya hemos introducido el color azul como el cielo para asociarlo ahora a lo que serán las aplicaciones prácticas.

La creación de la morada interna es muy especial porque se trata de crear una casa o un refugio dentro de tu paisaje para que puedas estar cómodamente y aplicar la relajación a todo aquello que necesites. En esta morada puedes incluir cualquier cosa, herramientas o cualquier material que te pueda ayudar a hacer aquello que tengas como objetivo como, por ejemplo, concentrarte para estudiar, motivarte hacia algún objetivo, etc.

Primero debes buscar un lugar adecuado en tu paisaje, ahí pondrás tu morada. En primer lugar creas la parte externa, lo que se ve desde fuera, con los materiales que prefieras. El único requisito aquí es que tenga PUERTA para que puedas entrar o salir. Luego entrarás y la única condición dentro será que haya un lugar cómodo donde poder sentarte, un SILLÓN o una butaca y una PANTALLA.

Pondremos una pantalla enfrente de ese lugar cómodo para poder trabajar con todas las cosas que se nos vayan ocurriendo. Lo más importante es que es una pantalla con un mando a distancia que vamos a poder utilizar como herramienta para poner muchas cosas en práctica, de hecho podemos instalar aplicaciones como en los móviles, tantas como se te ocurran. Al estar esta pantalla delante y por encima de tu cabeza, enfrente del sillón, facilita la conexión con nuestros sentidos internos pues nos obliga a hacer ese movimiento suave hacia arriba con nuestros ojos, una vez dentro de la relajación, con los ojos cerrados.

Dentro de la morada puedes poner todos los utensilios que quieras como caja de HERRAMIENTAS u otras cosas que puedas necesitar para trabajar hacia tus objetivos y necesidades. Tendrás aquí todos los elementos con los que te gustaría trabajar de vez en cuando y no puedes por falta de tiempo, como la música, por ejemplo, o la pintura, en la morada se crea una obra, se imagina y luego ya se puede desarrollar en el papel o en el lienzo.

También habrá un BOTIQUÍN para poder trabajar con el efecto placebo, tomando medicinas simbólicas o hierbas para todo tipo de remedios.

Disponte ahora a comenzar la más completa y bonita de las relajaciones, el viaje más bonito hacia tu interior.

EJERCICIO 12: CREACIÓN DE LA MORADA INTERNA

1. Postura cómoda sin cruzar las piernas y con los brazos sobre los del sillón o sobre las piernas.
2. Cierra los ojos.
3. Ahora te repites varias veces mentalmente: ESTOY TRANQUILO/A (aunque no estés tranquilo esto es como

una declaración de intenciones), recuerda situaciones agradables, en las que has sentido tranquilidad.

4. Llevas ahora tu atención encima de tu cabeza, imaginas un precioso SOL y un inmenso cielo azul. Encima de la coronilla de tu cabeza está esa preciosa FLOR de color blanco. Al caer los rayos del sol en sus hojas, este color blanco se convierte en un blanco luminoso. Ahora cada vez que cojas el aire de la respiración tomas de este color BLANCO a través de la flor y cuando echas el aire lo repartes hacia abajo, por TODO TU CUERPO, así comienzas a asegurarte de que no estás manteniendo ninguna tensión voluntariamente, vas soltando todos tus músculos. Comenzando por los músculos del cuero cabelludo que hay por toda la cabeza. Ahora te centras en los músculos de la cara, relajas la frente, el entrecejo, los párpados pesan más y más, dejas caer tus mejillas, también dejas aflojarse tu mandíbula, separa los dientes dejando la boca un poco entreabierta, aunque tus labios se toquen. Bajas con tu atención por tu cuello, brazos, espalda, pecho, vientre, glúteos, muslos, pantorrillas y hasta la punta de los dedos de tus pies.

5. Cada vez que cojas el aire de la respiración tomas de este color blanco a través de la flor y cuando echas el aire lo repartes hacia tu brazo DERECHO. Este comienza a teñirse más y más de blanco luminoso soltando todos sus músculos. Ahora imaginas que tu brazo es una GOMA ELÁSTICA que estiras y estiras y dejas caer.

Sintiéndolo te repites varias veces mentalmente: MI BRAZO DERECHO ESTÁ BLANDO

6. De nuevo este color blanco va a bajar pero ahora hacia mi brazo IZQUIERDO, se va tiñendo de este color blanco.

Imaginas que es una goma elástica que estiras y estiras y dejas caer.

Te repites mentalmente: MI BRAZO IZQUIERDO ESTÁ BLANDO.

7. Tu atención se centra en brazos y piernas, imaginando cómo se van tiñendo más de este color blanco por cada rincón, te repites cada frase varias veces:

BRAZOS Y PIERNAS BLANDOS

BRAZOS Y PIERNAS CALIENTES

BRAZOS Y PIERNAS BLANDOS Y CALIENTES

8. Tu atención se dirige al vientre, llevas aquí más color blanco que cae hacia abajo con tu respiración y te repites:

VIENTRE BLANDO Y CALIENTE

BRAZOS, PIERNAS Y VIENTRE BLANDOS Y CALIENTES

9. Tu cuerpo se encuentra ahora en una situación agradable de relajación. Observa respetuosamente tu respiración como si fueras un espectador, cómo entra y sale el aire, es la respiración que tu cuerpo adopta cuando estás en un estado de relajación. Piensa con cada inspiración: ESTOY. Sólo con esta palabra das un sentido de presencia aquí y ahora, en este instante de esta inspiración.

Además cuando el aire salga piensa en la palabra: TRANQUILO, TRANQUILA. Nota esa sensación de serenidad mientras sale el aire, con cada espiración te adentras en una serenidad más profunda.

ESTOY TRANQUILO, ESTOY TRANQUILA

10. Ahora imagina en tu mente una PANTALLA DE COLOR VERDE MANZANA, cada vez que coges el aire de la respira-

ción tomas de este color verde manzana y al echar el aire lo repartes hacia abajo por todo tu cuerpo creando una mayor sensación de paz y de tranquilidad, es la relajación mental.

11. Tus ojos, que continúan cerrados, hacen un suave movimiento hacia arriba para conectar con tus sentidos internos, y con tu imaginación vas a crear ante ti el marco de un espejo, que tenga la forma, el color y el material que tú desees. Imagina ante el espejo tu mejor imagen posible, con un aspecto saludable, feliz. Salúdate con una sonrisa.

Esta es la imagen con la que vas a poder trabajar en lo sucesivo en tu propio beneficio.

12. Pasa ahora la puerta del espejo y ante ti está tu PAISAJE INTERIOR, es tu refugio interior, estás solo contigo mismo, es tu momento, es un compromiso contigo, se trata de dedicar unos momentos a tu relación contigo, tú eres lo más importante ahora. Si sabes cuidarte sabrás cuidar de los demás. Crea tu paisaje a tu gusto y con todo detalle, con vegetación, con agua y con sol. Percibe y experimenta cada estímulo, ya sea el olor a hierba fresca, el canto de los pájaros, el rumor del agua….., la brisa agradable toca tu piel y puedes vivir plenamente tanto tus sensaciones que provienen del interior como las que provienen del exterior….., concédete unos segundos para construir tu paisaje ahora………….., camina despacio por tu paisaje, sintiendo el contacto de las plantas de tus pies con el suelo a cada paso……..., disfruta del movimiento ligero de todo tu cuerpo………..., Acércate al agua, coge un poco de ese agua cristalina entre tus manos, lávate la cara y con este lavado es como si todos los problemas y todas las preocupaciones se fueran……………, aprovecha

si quieres para darte un baño................., siente cómo tu cuerpo se balancea suave-mente en el agua......., Sales del agua poco a poco y te tumbas y desparramas en la hierba para secarte al sol.......

13. La pantalla de tu mente se tiñe de un color AZUL COMO EL CIELO, cada vez que coges el aire de la respiración tomas de este color azul y al echarlo comienza a bajar hacia todo tu cuerpo creando una sensación más profunda de paz y de serenidad.

Haces ahora una FOTOGRAFÍA donde estés reflejado tú y todas tus sensaciones, también todos los detalles de tu paisaje, quedará guardada esta fotografía en tu memoria para acceder aquí más fácilmente.

14. Elige ahora el lugar que más te guste para crear tu MORADA INTERNA....

Crea su aspecto externo, con los materiales que más te gusten. Desplázate alrededor de la morada para ver si queda todo a tu gusto. Dirígete a la puerta y entra, crea ese espacio interno dentro de la morada, con la decoración que tú desees. No olvides introducir todas las herramientas y utensilios necesarios para tu trabajo y las actividades que te gustan. También coloca el botiquín para trabajar con tu salud. Instala un lugar cómodo para sentarte a trabajar con la pantalla enfrente, el mando lo tienes cerca, lo podrás manejar para utilizar todas las herramientas y aplicaciones que necesites.....

Ya tienes toda la decoración interior y ahora siéntate en tu sillón durante unos minutos, observa si falta algún detalle en tu morada, deja todo listo y a tu gusto y disfruta de estos instantes. Relaja ahora tus párpados.

15. Sal de tu morada interior y camina por el paisaje observando de nuevo todos sus elementos, colores, olores, temperatura...., caminas sintiendo tu cuerpo....., dirígete a la puerta del espejo por donde has entrado al paisaje.

16. Pasa ahora de nuevo por la puerta del espejo hacia dentro y vuelve a verte en él, imagínate sonriente y feliz.

17. Deja de imaginar y observa de nuevo tu respiración tranquila, repite mentalmente:

ESTOY TRANQUILO, ESTOY TRANQUILA

18. Siente los brazos, las piernas, el vientre y notándolos te repites:

BRAZOS, PIERNAS Y VIENTRE BLANDOS Y CALIENTES

19. Vuelves a llevar tu atención a la respiración, observan-do qué partes del cuerpo se mueven al respirar, te dejas mecer.

Ahora comienzas a mover lentamente los dedos de tus manos, disfrutando de cada movimiento. Después los dedos de tus pies, las articulaciones, te estiras tal y como te pida tu cuerpo, recogiendo así toda la energía positiva que has desprendido alrededor de él. En todo momento sigues disfrutando de los movimientos de tu cuerpo, quizá te pida bostezar. Abres los ojos y comienzas a observar todo cuanto está a tu alrededor como si fuera la primera vez, apreciando los detalles con mayor sensibilidad.

CAPÍTULO 13: COMPRENDER Y ACEPTAR LAS EMOCIONES

Con las emociones pasa como con los pensamientos, en el sentido de que si nos identificamos excesivamente con nuestras emociones entonces puede que nos dejemos arrastrar demasiado por ellas, nos secuestren y controlen a nosotros en vez de gestionarlas nosotros por cauces en los que puedan fluir de forma natural y sana. Pero no se trata de un control en el que se reprimen, precisamente se trata de conectar con las emociones de una manera directa, dándoles espacio y escuchándolas verdaderamente. Cuando hacemos esto entonces pueden fluir con libertad y cada emoción podrá llevar a cabo su función primordial, para lo que está destinada. Gestionar bien las emociones es como saber surfear.

En cambio, si tratamos de negarlas o de controlarlas a través de una represión rígida, lo único que haremos es meterlas en el sótano psicológico, y desde ahí es cuando harán de las suyas, la forma que tienen de actuar desde la sombra o sótano psicológico es lo que precisamente ha hecho que tengan mala prensa algunas de ellas como el enfado. Este camino sería el de la desconexión, tratamos de negar los pensamientos o las emociones desconectando de ellos, cosa que no nos favorecerá en absoluto.

Todos podemos sentir diferentes emociones, a veces, resulta difícil etiquetarlas, ponerles un nombre, describir cómo nos estamos sintiendo. Además son muchos los aspectos que todos tenemos dentro, nuestra personalidad tiene múltiples ámbitos, múltiples subpersonalidades.

Podemos imaginar una gran empresa en nuestro interior, como decía al comienzo del libro, en la que si cada trabajador no sabe cuál es el producto que vende, ni cuál es su función, entonces la empresa se convierte en poco sostenible.

Por ejemplo, el enfado cuando no es escuchado ni aceptado es cuando sale en el momento que menos te lo esperas, quizá fuera de contexto y en forma de agresividad. Aparece de una forma desmesurada, cuando no hay motivos suficientes e incluso con quien no tiene nada que ver con su origen real.

Después de salir de esa manera, muchas veces, se activa el sentimiento de culpabilidad, y es la manera que tiene de seguir presente más tiempo para ser visto, pues de todas formas está ahí y quiere salir. Incluso puede llegar a manifestarse en forma de depresión, muchas veces encuentro que detrás de los síntomas depresivos de algunas personas lo que hay es mucho enfado acumulado.

En cambio cuando realmente es aceptado no le hace falta manifestarse de esa manera, fuera de contexto. Si decimos lo que queremos en el momento en que surge no saldrá de forma inapropiada para la situación, más bien se convertirá en saber poner límites adecuados a los demás y a sí mismo, en decir y hacer lo que se quiere y también, por ejemplo, en crear cosas que se quieren expresar a través del arte, pues es una potente energía que puede ser usada para crear o para destruir.

Asimismo otro aspecto muy interesante es el deseo, cuando no escuchamos nuestros más profundos deseos, entonces se convierten en envidia, admiramos ciertas características en los demás porque no nos creemos dignos de tenerlas.

Te propongo un juego. Ahora tú eres el enfado, ya sabes, como en el ejercicio del capítulo 2, vas a hablar como enfado, en primera persona, seguiremos con el ejemplo de Marta, ella pasaría a la tercera persona.

Así podríamos ir posicionándonos y experimentando el papel de cada trabajador que elijamos de esta gran empresa interior. Vamos a ver cómo es la relación entre el enfado y Marta:

- ¿Cómo te manifiestas en su vida como enfado?
  Pues reconozco que trato de sabotearle en muchas ocasiones, rebelándome a cosas que ella dice que no tienen importancia, a veces me enfado por todo, es como si guardara mucha rabia y no puedo salir, me siento atrapado, y cuando salgo hago estragos y a ella no le gusta nada y menos a los demás.
- Si le haces la vida imposible o le fastidias, ¿para qué lo haces?
  Para que se defienda, si no, los demás hacen lo que quieren con ella y ella no es capaz de decir que no a muchas cosas.
- ¿Cuál es tu función?
  Poner límites y saber decir no, lo único que quiero es protegerla, yo la ayudo a saber lo que quiere o no hacer.

- ¿Ella agradece tu trabajo?

  En absoluto, me tiene encerrado como si fuera un monstruo que nadie puede ver, no sólo no me agradece mi trabajo sino que le gustaría eliminarme.

- ¿Cómo sería su vida sin ti?

  Pues tendría muchos problemas, haría cosas que no quiere y eso la haría sentir muy mal y desdichada, se haría caso de todo lo que le dicen y cometería los errores de los demás, no aprendería con los suyos propios. Tampoco tendría las satisfacciones de estar viviendo su propia vida, sino más bien en función de los demás.

- ¿Qué le dirías ahora que te está escuchando?

  Que si quiere tener coraje en la vida y quiere saber poner a cada uno en su sitio cuando los demás se pasan con ella, es a mí a quien necesita. Si me escucha entonces ya no tendré la necesidad de salir desde la sombra en un formato destructivo, negativo o violento, eso me pasa sólo cuando no me acepta pues me voy acumulando.

Vamos ahora a retomar nuestro trabajo profundizando más en la relajación mental haciendo un ejercicio concreto con las emociones.

A partir de ahora omitiré el recorrido de la relajación física y mental, es decir, la relajación física y el paisaje interior. Éste es un recorrido que has aprendido y será lo que realizarás siempre en primer lugar, ahora nos dedicaremos a ver las diferentes aplicaciones que la morada interna nos puede proporcionar una vez hecha la relajación física y mental.

La primera de las aplicaciones de esta morada interna es comprender y aceptar las emociones. Éste es un tema que a todos nos toca, quizá a veces tan de cerca que no sabemos distinguir nuestras emociones y entonces nos arrastran, por esta razón es realmente frecuente que estemos un poco perdidos a la hora de hablar de ellas, lo que sí sabemos con seguridad son los destrozos que pueden llegar a ocasionar en nosotros y en los demás.

Aquí veremos la forma de aprender a detectarlas y observarlas, de manera que podamos distinguirlas mejor y poco a poco aprendamos a darles más espacio en nosotros, pues sólo así encontraremos el bienestar.

En primer lugar hay emociones que llamamos positivas y otras que tienen mucha peor prensa y que llamamos "negativas", las cuales, normalmente tratamos de evitar pues, es lógico, no nos agradan, nos hacen sentir mal. El problema es que a veces son inevitables y cuando se activan no siempre damos con la salida adecuada, el impulso más común es huir de ellas, cada uno como puede, con la represión, con el olvido, con sustancias, aumentando la actividad y estando con la mente ocupada, etc… Sin embargo, no se van por ello, permanecen ahí haciendo de las suyas, ya que no las reconocemos, ellas intentan salir como pueden para ser vistas, ya sea somatizando, haciendo que estemos muy preocupados, que no nos podamos concentrar, ansiedad, etc, todas esas cosas que seguro hemos experimentado en algunas ocasiones.

Para ayudarte a detectar la emoción que quieras trabajar en este capítulo te presento este cuadro, es un REGISTRO DE EMOCIONES, donde puedes identificar más fácilmente la que estés sintiendo o hayas sentido y quieras trabajarla porque sea la que más dificultad te causa.

REGISTRO DE EMOCIONES

EMOCIÓN	SINÓNIMOS EN DIFERENTES GRADOS DE INTENSIDAD
Ira	Rabia, enfado, resentimiento, furia, exasperación, indignación, irritabilidad, hostilidad y, en caso extremo, odio y violencia.
Tristeza	Aflicción, pena, desconsuelo, pesimismo, melancolía, autocompasión, soledad, desaliento, desesperación y, en caso patológico, depresión grave.
Miedo	Ansiedad, aprensión, temor, preocupación, inquietud, desasosiego, incertidumbre, nerviosismo, angustia, susto, terror y, en el caso de que sea psicopatológico, fobia y pánico.
Alegría	Felicidad, gozo, tranquilidad, contento, deleite, diversión, dignidad, placer, estremecimiento, gratificación, satisfacción, euforia, capricho, éxtasis y, en caso extremo, manía.

Amor	Aceptación, cordialidad, confianza, amabilidad, afinidad, devoción, adoración, enamoramiento y ágape (comida fraternal para estrechar los brazos y celebrar un acontecimiento importante).
Sorpresa	Sobresalto, asombro, desconcierto, admiración.
Aversión	Desprecio, asco, antipatía, disgusto y, en caso extremo, repugnancia.
Vergüenza	Culpa, desazón, remordimiento, humillación, pesar y aflicción.

EJERCICIO 13: COMPRENDER Y ACEPTAR LAS EMOCIONES

1. Una vez que ya has hecho todo el recorrido por las diferentes partes de tu cuerpo, en la relajación física y por tu paisaje hasta llegar a tu morada interna, en la relajación mental, ahora vas a sentarte en ese sillón que tienes allí, dentro de tu morada, acomodándote todo lo que puedas.

Vas a coger el mando a distancia y a mirar a la pantalla que colocaste en la pared de enfrente. En la pantalla vas a imaginar la emoción o sentimiento que más te esté atormentando o fastidiando en los últimos meses, días o en el día de hoy, quizá recordando la última situación desagradable que viviste, o quizá te venga a la mente algún sentimiento que te haya acompañado durante toda la vida. Puede ser ira, tristeza, miedo, aversión, vergüenza, culpa, etc; identifícala y ponle el nombre que más se acerque a lo que sientes. Ten en cuenta que, a veces, una emoción se esconde detrás de otra que tiene que ver menos con la situación, por ejemplo, es frecuente que el enfado se esconda detrás de la tristeza, así es que trata de detectar lo que verdaderamente hay en ti.

Emoción y sentimiento están muy relacionados, aunque son diferentes, una emoción es algo más intenso y pasajero, en cambio, un sentimiento no es tan pasajero, además es como un componente subjetivo o cognitivo de las emociones, es como la etiqueta que la persona pone a la emoción, cómo la vive en su experiencia subjetiva. Así puede activarse en primer lugar una emoción y luego convertirse en algo más duradero, en un sentimiento.

2. Ahora que ya tienes identificada la emoción o sentimiento que más te fastidia vas a ponerlo en la pantalla de tu morada interna, puede tener el formato que tú quieras, ya sea su nombre escrito en la pantalla o una imagen que para ti lo represente muy bien, de manera que puede aparecer como un color, como una figura, etc, simplemente lo que te venga a la mente de forma más genuina o con lo que más te identifiques.

3. Observa esa emoción mientras sigues con tu respiración tranquila y serena, aquí puedes quedarte el tiempo que quieras. Tan sólo observar las emociones es un ejercicio muy beneficioso para que no nos arrastren. En este momento puede que se activen algunas cosas o que te vengan a la mente recuerdos, deja que aflore todo lo que acontezca, quizá sea de las pocas veces que te lo permites, aprovecha la ocasión. ¡Experimenta! Que luego ya tendrás la ocasión de pensar sobre ello si quieres.

4. Poco a poco concéntrate en tu respiración imaginando cómo al coger el aire entra esa emoción dándole más espacio en tu pecho. Así tu pecho se agranda y se agranda para dar cabida y cobijo a todo lo que tú quieras, este sentimiento al fin y al cabo necesita ser visto, escuchado, cobijado, por eso está ahí, es una parte de ti, abrázalo, es como si fuera tu niño o niña interior que necesita ser aceptado por ti. Tu pecho ha creado tanto espacio que este sentimiento comienza a sentirse como en casa. Quédate aquí todo el tiempo que quieras.

Puedes imaginar que acunas ese sentimiento, que lo abrazas, que comprendes por qué está ahí, quizá que se transforma en otra cosa o puede que tengas la necesidad de hablar con él porque aún no entiendes bien por qué está ahí, si es éste el caso puedes aprovechar para preguntarle lo que quieras, ¿quién eres?, ¿por qué te has activado?, ¿qué función tienes?, ¿cómo actúas cuando yo no te acepto?, ¿cómo actuarías si yo te aceptara?. Hacer todas estas preguntas e imaginar qué contesta ese sentimiento o esa emoción puede ser sumamente revelador, atrévete a hacerlo incluso aunque no hayas tenido dificultad en comprender por qué está ahí.

Ahora es el momento en el que le das las gracias a esta emoción o sentimiento por hacerse ver y sales de tu mora-da interna, vuelves por tu paisaje camino de la puerta y entras de vuelta a ti mismo y tu espejo interior, donde te dedicas una sonrisa.

Vuelves a llevar tu atención a la respiración, observando qué partes del cuerpo se mueven al respirar, te dejas mecer.

Ahora comienzas a mover lentamente los dedos de tus manos, disfrutando de cada movimiento, después los dedos de tus pies, las articulaciones, te estiras tal y como te pida tu cuerpo, recogiendo así toda la energía positiva que has desprendido alrededor de ti. En todo momento sigues disfrutando de los movimientos de tu cuerpo, quizá te pida bostezar. Abres los ojos y comienzas a observar todo cuanto está a tu alrededor como si fuera la primera vez, apreciando los detalles con mayor sensibilidad.

Si quieres y hay cosas que han aflorado y que quizá te hayan sorprendido, puedes escribirlas para que queden ahí y poder recordarlas en otra ocasión que hagas esto, de esta manera puedes comenzar una especie de diario emocional para el autoconocimiento. ¿Interesante no?

CAPÍTULO 14: MEDITACIÓN DEL NIÑO INTERIOR

Otra de las aplicaciones que podemos hacer con esta relajación, aunque en este caso no se necesita la morada interna, es construir un precioso JARDÍN en nuestro paisaje, totalmente a nuestro gusto.

Este ejercicio tiene muchas implicaciones terapéuticas respecto a esa parte nuestra que todos tenemos como es nuestra parte más infantil y vulnerable, es como la parte de nosotros que corresponde a las emociones y a la fragilidad o vulnerabilidad que también tenemos todos.

Aunque no nos demos cuenta, esta parte se manifiesta en nosotros en muchas ocasiones en nuestro día a día, esto no es malo, al contrario pero lo que sí puede resultar dañino es la no aceptación de esta parte de nosotros pues se podría manifestar de formas que no son las más deseables para nosotros y para los demás, y esto ocurre muy a menudo.

Por tanto este ejercicio va encaminado a aceptar esta parte tan necesaria en nosotros, pues sin ella difícilmente nos podríamos relacionar de una forma fluida con los demás y relacionarnos en la intimidad, tampoco podríamos disfrutar de las cosas buenas de la vida, no estaríamos abiertos a la experiencia y a adaptarnos a los cambios, ni nos permitiríamos sentir las emociones, ya sean agradables o desagradables, con los beneficios que tiene su expresión y canalización para nuestra salud biopsicosocial.

Quizá pueda ser tentador leer el ejercicio y pensar que ya se ha hecho con sólo leerlo pero no tiene ni comparación el efecto real que tiene al hacerlo dentro de la relajación pues en ese momento nuestras resistencias están también relajadas y nos permitimos más vivir y experimentar, no es más que un diálogo con nosotros mismos, ¿no es ésta tu cita más importante?. Si aprendemos más a escuchar y a querer a este niño que llevamos dentro también aprenderemos mejor a cuidar y a querer a los demás y estaremos más enteros para ello.

EJERCICIO 14: MEDITACIÓN DEL NIÑO INTERIOR

1. Como ya dijimos, una vez hecha la relajación, con todos sus pasos hasta el paisaje interno, desde aquí vas a CREAR un precioso JARDÍN, primero elige el sitio que te parezca más apropiado o te guste más para ponerlo ahí, una vez hecho esto créalo a tu gusto, imagina todos sus detalles, colores, fragancias...., camina lentamente por él sintiendo debajo de tus pies la hierba.

2. Delante de ti tienes unos arbustos, te acercas y los pasas apartándolos. Ves un claro donde hay un NIÑO o una NIÑA sentado en el centro de ese claro. Te acercas lentamente para no asustarle mientras le observas bien, el color y el peinado de su pelo, si está bien cuidado y aseado, observas cómo va

vestido, observas todos los detalles a medida que te acercas. Cuando llegas al niño o la niña te sientas en la hierba, delante de él, y le miras a la cara y observas la expresión en su rostro, ¿cómo está ese niño o esa niña?, está feliz, triste, enfadado…., observa su expresión en la cara, mírale a los ojos, piérdete en su mirada, profundiza en su mirada, déjate llevar por lo que te transmite ese niño sentado ahí, delante de ti en la hierba.

3. Puedes DIALOGAR con ese niño o esa niña, le preguntas ¿cómo estás?, ¿cómo te sientes?, y te responde. Le preguntas ¿qué necesitas de mí? y escuchas su respuesta. Si quieres puedes ofrecerle algo, hacerle una promesa, darle algo, y observas cómo reacciona, observas su cara, su expresión, quizá las palabras que te dice, y lentamente alargas tu mano y la ofreces al niño, observas si el niño la toma y la expresión en su cara si lo hace. Te levantas y, con ese niño a tu lado, empiezas a caminar, y miras hacia abajo, el niño hacia arriba, sientes tu papel de protector, tu papel de adulto, sientes la fuerza y la protección que puedes ofrecer a este pequeño niño caminando a tu lado. Camináis juntos lentamente disfrutando del maravilloso jardín de tu paisaje hasta que llegas nuevamente a los arbusto y allí vas a dejar al niño porque está en su casa, está en su sitio y tú vas a regresar al tuyo, así que te separas ligeramente del niño, miras hacia abajo y le saludas con una sonrisa, quizá con un abrazo, y el niño te saluda a ti y te fijas en la expresión en su cara, su rostro, cuando te despides.

4. Pasas por los arbustos hacia el otro lado dejando al niño o a la niña allí, caminas lentamente a través del césped mirando a

tu alrededor de este maravilloso jardín. Ahora te sientas RECORDANDO por unos momentos el encuentro con ese niño o esa niña, repasando los detalles de cómo estaba y cómo fue la comunicación, además dejas reposar las emociones o sentimientos despertados con el encuentro. Recuerda que ese niño o niña siempre está ahí, en el jardín de tu paisaje, detrás de los arbustos, puedes volver cuando quieras.

Ahora es el momento en el que caminas hacia la puerta de tu paisaje, entras de vuelta a ti mismo y tu espejo interior donde te dedicas una sonrisa con cariño.

Vuelves a llevar tu atención a la respiración, observando qué partes del cuerpo se mueven al respirar, te dejas mecer.

Ahora comienzas a mover lentamente los dedos de tus manos, disfrutando de cada movimiento, los dedos de tus pies, las articulaciones, te estiras tal y como te pida tu cuerpo, recogiendo así toda la energía positiva que has desprendido alrededor de ti. En todo momento sigues disfrutando de los movimientos de tu cuerpo, quizá te pida bostezar. Abres los ojos y comienzas a observar todo cuanto está a tu alrededor, apreciando los detalles con mayor sensibilidad como si fuera la primera vez.

Este ejercicio puede activar algunas cosas en nosotros, todo lo que surja acógelo lo mejor que puedas, siempre será una oportunidad para descubrir cosas. Si puedes apuntar ahora todo lo que haya surgido estará genial pues es fácil que la experiencia haya sido grata y hayas descubierto cosas interesantes y, sin embargo, con el tiempo se olvide lo descubierto si no se apunta. Si no ha sido grata la experiencia entonces habrá sido una buena oportunidad para ver lo que hay dentro y que normalmente intentas no ver o tapar desgastando una fantástica energía en ese intento infructuoso. Ya sabemos las consecuencias de no querer ver una parte de nosotros y es que nos maneje desde la sombra, así es que cuanto más comencemos a verla mejor nos empezaremos a sentir pasado el tiempo, habremos puesto luz en la sombra.

CAPÍTULO 15: SOLUCIÓN DE CONFLICTOS

Me refiero a un conflicto con alguna persona, puede ser un padre, una madre, un hermano o hermana, un hijo o hija o cualquier familiar, amistad o compañero de trabajo o conocido, se trata de una persona que nos interese y con la que queramos llegar a un entendimiento después de un roce o cualquier clase de conflicto.

Primero tenemos que hablar un poco sobre lo que ocurre en cualquier conflicto y es que hay, si se trata de dos personas, dos versiones diferentes. Si queremos acercarnos más a la realidad y a la objetividad tendremos que tomar en cuenta esas dos versiones y todos los factores que podamos y que hayan influido en la situación, tanto lo más subjetivo de cada persona y sus propias creencias como la salud de su cuerpo ese día, las experiencias interpersonales y las experiencias en general con su entorno, de esta manera quedan incluidos todos los ámbitos posibles. Si hacemos esto tendremos una buena visión de lo que ha pasado. Pero claro verlo así puede llevar su tiempo y su esfuerzo.

En primer lugar, como persona que encarna una parte del conflicto, tendríamos que limpiar un poco nuestro propio filtro, nuestra propia visión, luego estaremos en disposición de ver más claro los demás factores y a la otra persona, por esta razón antes de hacer la relajación aplicada al conflicto con esta persona sería conveniente hacer primero un sencillo ejercicio, se llama ejercicio con la sombra 3-2-1.

Aplicaciones prácticas

Una vez hecho el ejercicio tendremos un poco más claro qué cosas pudiéramos estar proyectando en el otro, pues todo lo que no nos gusta en nosotros solemos proyectarlo en los demás. No siempre que no nos gusta algo de alguien quiere decir que estemos proyectando lo nuestro en esa persona, pero si nuestra reacción de rechazo hacia esa persona es especialmente intensa, es una señal de que, con probabilidad, haya algo de nosotros que estemos proyectando en la otra persona, ese plus que ponemos es el que hace que tengamos esa intensidad en nuestra reacción.

TRABAJO CON LA SOMBRA 3-2-1

Primero vamos a ver cómo conseguimos divorciarnos de algún aspecto nuestro que no nos gusta ya desde niños.

Hay un mecanismo concreto por el que conseguimos desde pequeños ir guardando cosas que no nos gustan en un baúl psicológico, con este mecanismo tratamos de alejar todo lo posible esas características nuestras que terminamos pensando que no son válidas y no nos van a proporcionar la felicidad. Quizá vea ese aspecto reflejado en mi padre o en mi madre, saliendo de una forma destructiva y entonces haya decidido que no quiero tener yo esas características, por tanto todo lo asociado a esa característica o algo que a mí me recuerde a ella quedará desterrado, pudiendo arrastrar así cosas muy válidas también.

Si yo termino pensando que enfadarme no es bueno y creo que las personas buenas no se enfadan, entonces cuando me sienta enfadada sencillamente no podré admitirlo, pero de alguien tendrá que ser ese enfado que siento. Si en ese momento tengo la suerte de tener delante a una persona que precisamente está mostrando su enfado, entonces me horrorizará con más razón, y no soportaré a esa persona, ella será un buen gancho para mí. Aquí ya habré conseguido alejar el enfado de la primera persona a la segunda persona, pues el enfado no puede ser mío, debe ser de la otra persona.

No obstante siempre puedo alejarlo más, si aún me parece que está muy cerca, así es cómo el mundo se convierte en un sitio de gente enfadada, el mundo entero está enfadado.

Camino de vuelta a casa:

Pues bien, ahora voy a explicar cuál puede ser uno de los caminos de vuelta a casa, o de vuelta a ese desván, para recuperar cosas de ese baúl que ahora puede que necesitemos más que nunca, en nuestra vida adulta.

Freud lo explicaba así: "donde el ello era, allí seré yo", y precisamente es una de las razones más importantes por las que existe la psicoterapia, y es que se trata de volver a integrar nuestros propios aspectos que un día fueron desterrados por nosotros mismos, habiendo hecho estragos ese vacío y esa sombra y habiendo olvidado el camino de vuelta a casa.

El ejercicio que proponemos para ello se llama trabajo con la sombra 3-2-1, creado por Diane Musho Hamilton, maestra zen, discípula de Genpo Roshi que trabaja con el proceso Big

Mind, creado por él. Enseña Espiritualidad Integral, y ha trabajado con Ken Wilber y el Instituto Integral en Denver, Colorado, desde 2004.

Este ejercicio trata de volver a la primera persona lo que quedó proyectado en tercera persona, gracias a ese alejamiento conseguido con las proyecciones, que hacen que algo no parezca nuestro sino tuyo, o de él, o de ella, o de la vida y del mundo.

Así, el camino de vuelta a casa va a ser más sencillo de lo que esperábamos, al menos en lo que al ejercicio se refiere, gracias a miles de miguitas que hemos dejado por el camino para no perdernos. Para realizar este ejercicio lo primero que tenemos que hacer es detectar y elegir a alguien que nos enfurezca, alguna característica que no soportemos de alguien.

1. Para detectar realmente lo que nos enfada deberemos describir en un papel muy pormenorizadamente lo que nos enfada, lo que nos pone de los nervios de esa persona, lo haremos en tercera persona hablando de él o ella. Este paso es muy importante pues en función de esto vamos luego a seguir el ejercicio y podríamos no dar en el clavo respecto a lo que de verdad nos enfada, por eso es importante elegir algo que despierte en nosotros una reacción especialmente intensa.

Por ejemplo podríamos escribir que nos enfada que ella llegue tarde y le dé igual, sin embargo, puede que lo que realmente nos enfade sea una actitud de prepotencia que percibimos en esa persona, y no tanto el hecho en sí de llegar tarde. Por esta razón es tan importante asegurarnos bien de lo que de verdad nos molesta y concretar bien para que el ejercicio esté bien hecho y produzca los efectos deseados. Hazlo con la mayor sinceridad que puedas.

2. La segunda parte de este ejercicio consiste en seguir escribiendo en ese mismo papel, pasando de esa tercera persona a la segunda persona, lo mismo que dijiste en tercera persona lo dices ahora imaginando que esa persona está delante de ti y entablaras un diálogo con ella, en segunda persona. Ahora le dices directamente lo que te molesta, lo que no soportas, pero por partes pues además imaginas lo que contestaría a todo ello, vuelves a contestarle y así hasta que más o menos creas agotado el diálogo.

3. La tercera parte de este ejercicio consiste en pasar aquello que escribiste en tercera persona a primera persona. Todo cuanto describiste lo haces primera persona. Puede que no se trate, como dije en el ejemplo de más arriba, de decir ahora: "me molesta que yo llegue tarde", pues puede que no sea real, en su lugar bien podría corresponder a decir: "me molesta mirar por encima del hombro, parece que tengo una seguridad que miro a los demás por encima del hombro, me creo más que los demás", esto puede sonar en un principio muy raro pero espera a ver qué efecto va haciendo en ti, mira en qué se traduce para ti todo esto, en este ejemplo podríamos llegar a la conclusión de que odiamos sentirnos más que los demás y parecer prepotentes porque no nos sentimos dignos de tener seguridad y firmeza, puede que la palabra seguridad la

hayamos metido en nuestra sombra porque la teníamos asociada a cosas como sentirse por encima de los demás, a prepotencia, etc...

Si ahora intentamos recordar todo lo asociado a la palabra "seguridad" en la historia de nuestra vida puede que percibiéramos a alguno de nuestros progenitores u otra persona de nuestro entorno con esta característica, que nos hacía sentir, en nuestro caso, o lo interpretábamos así, como si estuviéramos por debajo o con menos valor y cómo nuestra experiencia al respecto no fue buena, así de manera inconsciente decidimos, ya de pequeños, que esa característica era mala. Sin embargo, desde la sombra, puede que se estuviera manifestando mostrando prepotencia en algún ámbito de nuestra vida, lo cual sólo sería percibida por los demás, para mí pasaría desapercibida.

Después de hacer el ejercicio la sensación que suele aparecer es de alivio, de haber recuperado algo nuestro, de sentir más energía, también tranquilidad y serenidad. La realidad es que si ya no tenemos que estar en lucha con ese aspecto, recuperamos fuerzas o al menos es una cosa menos de la que nos tenemos que preocupar, y además podemos disfrutar de todo lo bueno que nos aporta esta característica ya reconocida e integrada, por fin haciendo bien su trabajo que es dar seguridad.

Este mismo ejercicio lo podemos hacer ante una característica que admiremos en alguien, podemos elegir a alguien que admiremos y entonces realizar el ejercicio de igual manera pero describiendo en la tercera persona qué es lo que tanto nos fascina. De esta forma estaremos trabajando con nuestra sombra dorada o los aspectos que creemos positivos pero que proyectamos en los demás porque no nos creemos dignos de tener.

Veamos ahora un ejemplo de ejercicio 3-2-1 con una proyección negativa:

3- Tercera persona:

Hay algo de él que me desespera, ese aire como de mirar por encima del hombro pero decorándolo de una falsa humildad. Me parece prepotente, se cree muy inteligente y seguro de sí mismo y cree que por eso es más que los demás. Le da mucha importancia a todo lo que hace como si fuera lo más importante del mundo y mejor que lo que hacen los demás.

2- Diálogo en segunda persona:

- Yo: Eres un prepotente que te crees mejor que los demás. Te crees muy inteligente y seguro. Parece como si todo lo tuyo tuviera más importancia que lo mío.

- Él: bueno…., yo no me creo mejor que nadie pero sí que es cierto que creo que soy inteligente y me siento seguro de mí mismo, aunque no siempre por supuesto. Desde luego a mis cosas les doy mucha importancia.

Aplicaciones prácticas

- Yo: ¿ves cómo te crees que eres muy inteligente? y eso de que, a veces, no siempre te sientes seguro..., no sé yo porque parece lo contrario.

- Él: ¿y qué tiene de malo creer que uno es muy inteligente? eso no quiere decir que me crea más que los demás. Y respecto a lo de la seguridad en mí mismo..., tengo confianza en mí normalmente pero en muchas ocasiones tengo verdadero miedo de meter la pata, hay decisiones verdaderamente difíciles en las que me encuentro perdido...

- Yo: bueno, es cierto que no es algo malo que te creas muy inteligente, mejor para ti si es así, aunque ya veo que a ti también te asaltan las dudas en muchas ocasiones.

1- Primera persona:

Hay algo de mí que me desespera, tengo un aire como de mirar por encima del hombro a los demás pero decorándolo de una falsa humildad. Soy prepotente, me creo muy inteligente y segura de mí misma, me creo más que los demás. Le doy mucha importancia a todo lo que él hace como si fuera lo más importante del mundo y mejor que lo que hago yo.

Vaya, qué interesante, he descubierto varias cosas sobre mí. Vamos ahora a ver detenidamente cuáles han sido los descubrimientos, explicando cada una de las partes del párrafo.

1. He descubierto un enfado conmigo misma, me desespera ver cómo, a veces, me descubro con un aire como de mirar por encima del hombro a los demás, aunque de forma

encubierta, pues externamente lo decoro de falsa humildad. Por eso me fastidia verlo en los demás.

2. Soy prepotente. Esto curiosamente, lejos de molestarme, me ha hecho sentir bien de repente, contemplar la posibilidad de tener potencia, poder, aunque sea antes de tiempo, parece que me ha devuelto un poder que creía perdido o que nunca sentí.

3. Me creo muy inteligente y segura de mí misma. Vaya eso sí que me ha sentado bien. Es algo que no creía tener y sin embargo ahora ha resonado con algo dentro de mí, ha sido muy grato pues suelo despreciarme en cuanto a mi inteligencia y a mi seguridad.

4. Me creo más que los demás. Le acusaba de creerse más que los demás, en donde entro yo, por tanto creo que la frase queda más verdadera diciendo: me creo menos que tú, porque soy yo quien estaba proyectando mi inferioridad dándote a ti la superioridad. Así es que cambiaré la frase a: me creo menos que los demás. Vaya esto me ha dolido. Ahora me doy cuenta de lo dura que soy conmigo misma.

5. Le doy mucha importancia a todo lo que él hace como si fuera lo más importante del mundo y mejor que lo que hago yo. Esto me hace pensar en que soy yo quien no me doy la importancia a mí misma como si fuera lo más importante del mundo, y como no lo hago yo, lo proyecto en él, así en realidad lo que aparece es mi envidia, un deseo encubierto de ser yo misma lo más importante del mundo para mí, en

consecuencia creo que lo que hace él es mejor que lo que yo hago, pero soy yo quien le acuño a él esas características.

Vemos, por tanto, cómo algunas de las cosas que proyectamos se convierten en realidad en algo positivo para nosotros, pero que le habíamos asociado características negativas o bien era algo que no nos creíamos dignos de tener. Pero también algunas de las afirmaciones pueden resultar dolorosas pues todos, a veces, nos comportamos de una forma soberbia o con cierta sensación de superioridad, aunque suele ser por compensación de otra sensación de inferioridad, tal y como hemos visto en este ejemplo.

No obstante, al terminar el ejercicio, si hemos conseguido dar con la clave de lo que realmente nos molestaba y con lo que realmente estábamos proyectando, la sensación general que suele quedar al final es de alivio o sorpresa, pues lo que hemos hecho es recuperar algo nuestro, desbloquear una energía atrapada por nosotros, de esta manera nos podemos sentir con más energía y claridad. Ésta es la mejor manera de asegurarnos de que el ejercicio ha estado bien encaminado. Aunque también podría ocurrir que aún necesitemos un tiempo para asimilar todo lo que hemos descubierto porque es duro para nosotros.

EJERCICIO 15: SOLUCIÓN DE CONFLICTOS

1. Nuevamente ahora se trata de hacer todo el recorrido de la relajación desde el principio, relajación física y luego relajación mental con el paisaje, en este caso recordamos de nuevo

nuestra morada interna, dentro del paisaje, y allí nos imaginamos en aquel sillón confortable y preparamos nuestra morada interna con todo aquello que podamos necesitar para ese encuentro tan especial con esa persona con la que queremos dialogar y llegar a una comprensión mutua.

Nos lo podemos tomar como un punto de inflexión después de una pequeña crisis en la relación, ya sabemos que esto resulta necesario y beneficioso para regenerar constantemente una relación, ni siquiera nosotros mismos somos iguales todos los días y estamos en constante cambio y crecimiento, por tanto, a lo largo de nuestra vida y gracias a la experiencia, al crecimiento y a la maduración, vamos cambiando de forma de pensar, de creencias y vamos conformando así nuestra persona. De igual forma las relaciones van transformándose y si las regamos bien van cambiando y creciendo. Todos, junto con nuestras relaciones, vamos cambiando y eso es parte de la vida y del bienestar, así lo que vamos a hacer ahora es crear un entorno agradable e idóneo en el que fomentar este crecimiento mutuo.

Prepara quizá un té con pastas, o una deliciosa merienda, piensa de qué forma vais a estar cómodas las dos personas, quizá con un poco de música relajante de fondo y unas preciosas imágenes de naturaleza en la pantalla panorámica de la televisión, unas velas con olor a manzana o a fresa suave, una luz con tono anaranjado y cálido...., todo lo que se te ocurra y que vaya a servir para estar mejor.

2. Ya está todo listo y es el momento en que esta persona llama a la puerta, le abrimos cordialmente y le invitamos a acomodarse en el sillón y a tomar lo que hayamos preparado. Degustáis esa deliciosa merienda tratando de poner plena atención en cada mordisco y en cada trago.

Ahora le dices que vais a ver en la pantalla de la televisión la reproducción de lo que pasó o el conflicto que hubo entre los dos y observáis tranquilamente lo que pasó con una mayor objetividad.

3. Ahora, de forma serena, habláis sobre lo que pasó, expresando cada uno su punto de vista y, si algo sentó mal, se explica por qué dolió lo que pasó, por turnos y tranquilamente, dialogáis el tiempo que haga falta de manera que os aseguréis de que habéis tenido en cuenta todo lo que la otra persona ha expresado y vosotros habéis dicho todo lo que queríais y el mensaje ha llegado a la otra persona y ha sido tenido en cuenta.

4. Ahora termináis el diálogo y sacáis algunas conclusiones y aprendizajes que os ha dado la experiencia y os dáis un abrazo. Os despedís, esta persona sale por la puerta y te sientas en el sillón reposando todo lo que ha acontecido de forma relajada.

Ahora es el momento en el que sales de tu morada interior, sales al paisaje y regresas por el espejo-puerta para terminar la relajación suavemente y disfrutando de tus movimientos lentos al salir de la relajación.

Con este ejercicio lo que has hecho es poner un poco de comprensión primero hacia ti mismo con el ejercicio 3-2-1 y luego has puesto un poco de comprensión hacia la otra persona y también mutuamente.

Seguro que de esta manera algo aprendiste y alguna conclusión sacaste, y todo sin ni siquiera hablar con la otra persona en la realidad, pero si es algo que ahora conviene hacer pues ¡adelante!, si no, sólo con esto ya puede hacer su efecto interior y con ello algo podría cambiar en tu relación con esa persona.

CAPÍTULO 16: CAMINAR CON ATENCIÓN PLENA

Este tipo de ejercicios como hacer una actividad con atención plena son los que nos van a ayudar a generalizar lo aprendido con el entrenamiento en relajación pues se trata de que sepamos entrar más fácilmente en un estado de serenidad sin necesidad de relajar el cuerpo con la relajación física, tal y como aquí la hemos visto, así cuando lo necesitemos relajar ya hemos aprendido un método pero cuando necesitemos sea sólo más serenidad en lo que estamos haciendo también se puede entrenar y conseguir.

Hasta ahora hemos estado llevando atención plena a las sensaciones corporales, a la respiración, a los pensamientos y a las emociones, así vamos cultivando de manera progresiva esta capacidad para liberarnos de la infelicidad y de la depresión.

Por ejemplo, para transformar emociones difíciles podemos también trabajar con ellas viendo cómo se manifiestan corporalmente, así llevaremos nuestra atención al cuerpo y veremos cómo se manifiesta cualquier sensación en ese momento en nuestro cuerpo. Esto podría ayudarnos a tomar conciencia de qué es lo que nos está pasando.

Te propongo ahora un ejercicio sencillo como es caminar pero con otra perspectiva.

Será recomendable que este ejercicio lo hagas lentamente, sobre todo, al principio.

A medida que vayas practicando este ejercicio podrás aplicarlo también a otras actividades de tu vida diaria.

EJERCICIO 16: CAMINAR CON ATENCIÓN PLENA

1. Busca un lugar, ya sea al aire libre o un lugar cerrado en el que puedas caminar por una línea imaginaria, o bien aprovecha algún recorrido que tengas que hacer al sacar al perro.

2. Una vez elegida esa línea imaginaria por la que se va a caminar lleva tu atención a todo tu cuerpo y la postura que adquiere al caminar. Asegúrate de que está lo suficientemente recto y con los pies paralelos y separados por una distancia igual a la de las caderas, las rodillas ligeramente flexionadas de forma que puedan moverse con suavidad al caminar. Deja que los brazos cuelguen sueltos a ambos lados del cuerpo y dirige la mirada justo enfrente con suavidad.

3. Lleva la atención a tus pies y percibe de forma directa las sensaciones físicas del contacto de los pies con la tierra y del peso de tu cuerpo, que se transmite al suelo a través de las piernas y los pies.

4. Nota cómo a cada paso apoyas primero el pie derecho desde el talón hasta la punta de los dedos y simultánea-mente el otro pie comienza a dar el siguiente paso, siente tus pantorrillas y todos los músculos que se utilizan al caminar. Toma conciencia en particular de las sensaciones de la planta del pie y del talón a medida que entra en con-tacto con el suelo. Sé consciente momento a momento de la experiencia de caminar.

5. Siente los movimientos suaves de tus caderas al caminar, ese balanceo flexible a un lado y al otro.

6. Podrás advertir también todo cuanto a tu paso estás percibiendo con tu vista y los demás sentidos y vuelve de nuevo a las sensaciones de tu cuerpo al caminar y a la respiración.

Este mismo ejercicio podrás aplicarlo poco a poco a cualquier actividad de tu vida para ir incorporándolo en lo cotidiano y así saber mejor cuándo estás en modo orientado a la acción y cuándo en modo orientado a ser, esto te dará una mayor consciencia y libertad sobre tus actos y tu vida, haciendo tu propia gestión de ti mismo, consiguiendo así un mayor rendimiento en los objetivos que te propongas y un mayor bienestar.

En definitiva aprenderás mejor a dar la energía que necesita en cada momento a tu gran empresa interior, sabrás gestionarla y todos tus empleados te lo agradecerán ofreciéndote bonitos regalos que tendrán que ver con tu bienestar.

Ahora para terminar quiero proponerte una última aplicación por mi parte.

Quiero que te quedes con muy buen sabor de boca experimentando una de las aplicaciones que para mí es más especial, se trata de una sesión de relajación en la que vas a fusionarte con la fuerza de un robusto árbol.

CAPÍTULO 17: TU FUERZA INTERIOR

Recuerda situaciones en las que te has sentido seguro o has tomado una decisión de forma muy decidida, quizá sentías que todos los empleados de tu gran empresa interior estaban de acuerdo, todos colaborando hacia un mismo objetivo y además disfrutando del proceso de toma de decisión.

En cambio recuerda momentos en los que no sabías qué hacer con una cuestión determinada, la toma de decisiones se transformaba en una tortura, una parte de ti quería una cosa y otra parte de ti otra, había conflicto interior y era muy desagradable, probablemente varios de los empleados de tu empresa estaban discutiendo y descalificándose constantemente.

Ahora compara estas dos situaciones y las sensaciones diferentes que desataban, trata de recordar incluso las sensaciones de tu cuerpo en una y en otra situación, también tu estado mental.

Como podrás ver la primera situación parece tener más fuerza, más convicción, como si estuvieran unidos todos tus "yoes" en uno, éstas son las sensaciones que buscamos con la meditación que te propongo ahora.

A estas alturas ya has aprendido bastante sobre autosugestión, de alguna manera has aprendido a hipnotizarte. Lo que te propongo ahora es la meditación del árbol. Elige un tipo de árbol que te guste, eso sí, mejor que sea bien robusto y alto, también frondoso y lleno de vida.

Ahora realiza todo el recorrido de la relajación física y mental hasta llegar a tener tu cuerpo desparramado en la hierba para secarte al sol, dentro de tu paisaje interior.

EJERCICIO 17: MEDITACIÓN DEL ÁRBOL

Ya te has secado al sol y ahora te vas a levantar poco a poco, disfrutas de cada movimiento como si flotaras..., caminas lentamente y te fijas en un árbol que hay un poco más allá, es un árbol precioso, el más bonito que hayas visto nunca, parece tremendamente fuerte.

Te vas a acercar al árbol y cuando ya estás a su lado, vas a rodear el tronco con tus brazos, pégate a él, te sientes cada vez más fusionado...., hasta que estás dentro de su tronco, más bien eres el tronco de este robusto árbol....., siente su firmeza y su fuerza, desde tus pies comienzan a salir hacia abajo unas grandes raíces que se incrustan profundamente en el suelo. Tu estabilidad comienza a ser impresionante.

Ahora comienzas a notar cómo salen ramas de tu tronco, y de esas ramas, hojas...., desde abajo hasta arriba..., cada vez más ramas con sus hojas......, hasta que puedes ver en tu copa muchos kilómetros a la redonda, es impresionante esta vista y esta experiencia, observar tranquilamente el horizonte.........

El sol brillante cae en todas tus ramas y hojas, siéntelo.... Ahora pasa un águila delante de ti, puedes ver su cabeza y sus ojos muy de cerca, escucha el sonido del aire azotado por sus preciosas y grandes alas cada vez que las mueve arriba y abajo.

Siente la plenitud de este momento...., quédate aquí todo el tiempo que quieras......

Ahora comienzas a bajar poco a poco por el árbol, sientes de nuevo su tronco y tus raíces...., sales del árbol y de nuevo estás ahí rodeándole con tus brazos, percibe cómo esta fuerza también es tuya, el árbol sólo te ha ayudado a recordarla. Le das las gracias al árbol y te alejas poco a poco caminando despacio.

Con cada paso nota la fuerza de tu cuerpo y de tu mente, que en realidad no depende del árbol ni de nadie, es tuya, es una fuerza que sabe ir acompañada de la flexibilidad y la vulnerabilidad de estar vivo, esta es la fuerza de verdad, tu fuerza interior.

Recuerda que puedes volver a tu paisaje cuando tú quieras porque en realidad este estado de paz y de tranquilidad no depende de nada ni de nadie, sólo tienes que conectar con él.

Con esta fuerza interior continúas caminando hacia la puerta por la que entraste al paisaje y vuelves con tu atención al lugar donde te encuentras.

Percibe las sensaciones de tu cuerpo, cómo es ahora tu respiración. Y para demostrarte que este estado no depende de nada ni de nadie, tampoco de que tu cuerpo esté quieto o en movimiento, lo compruebas moviendo primero los dedos de tus manos, lentamente, los dedos de tus pies, te estiras y desperezas, bostezas, tal y como tu cuerpo te vaya pidiendo, recogiendo así toda esa energía positiva y fuerza que has desprendido alrededor de ti.

Cuando abras los ojos mira todo como si fuera la primera vez y piensa en el propósito de estirar este estado de paz y de tranquilidad todo lo que puedas en las próximas horas y en los próximos días.

Espero que los ejercicios propuestos aquí te hayan sido de utilidad. Si quieres compartir conmigo tu experiencia o consultar cualquier duda puedes contactar conmigo en: lourdesgarridomayo@gmail.com

Estaré más que encantada de que me cuentes cómo te ha ido o qué te ha parecido todo esto.

También puedes encontrar más material elaborado por mí en mi página: www.psicointegral.es

BIBLIOGRAFÍA

- ✓ *Entrenamiento en Relajación Creativa*. Dr Eugenio Herrero Lozano. 2006
- ✓ *El asistente interior*. Los mecanismos de la autocuración psicológica. Norberto Levy. RBA Revistas, 2006
- ✓ *Vencer la depresión. Descubre el poder de las técnicas del mindfulness*. Mark Williams; John Teasdale; Zindel Segal; Jon Kabat-Zinn. Editorial Paidós. 2010
- ✓ *Gran Mente, Gran Corazón. Descubriendo tu propio camino*. Maestro Zen Dennis Genpo Merzel. Editorial La Liebre de marzo. 2008
- ✓ *Trastornos de la personalidad en la vida moderna*. Theodore Millon. Editorial Masson. 2006
- ✓ *A guide to integral psychotherapy*. Complexity, integration, and spirituality in practice. Mark D. Forman. Editorial Suny Press. 2010
- ✓ *Psicología Integral*. Ken Wilber. Editorial Kairós. 1994

Fotografía: Andrew Trevor Plumb

Lourdes Garrido Mayo es psicóloga y psicoterapeuta, fundadora del Centro de Desarrollo Integral en Gijón: Psicointegral, donde da a conocer una forma integradora de hacer psicoterapia, desde la que se respetan las diferentes escuelas en psicología, teniendo en cuenta los logros y las limitaciones de cada una de ellas, optando por la adaptación planificada de la terapia a la problemática y a las necesidades de la persona, por eso su lema es: una persona, una terapia. Además en Psicointegral se fomenta una práctica saludable de vida atendiendo cuerpo-mente como un todo.

Desde 2001 imparte cursos, talleres y clases de relajación a diferentes colectivos como niños con problemas de comportamiento, discapacidad, Síndrome de Down, autismo, adultos con problemas de drogadicción privados de libertad, funcionarios de prisiones en prácticas, monitores de ocio y tiempo libre, directores de campamentos y personas mayores con problemas de demencia y Alzheimer.

Ha ido integrando diferentes técnicas de relajación junto con herramientas que provienen de la psicología hasta que finalmente ha creado su propio método: Relajación Integrativa. El objetivo es trabajar a través de la relajación para facilitar la integración del cuerpo, los pensamientos y las emociones, fomentando así un mayor equilibrio y bienestar.

Jairo Palacio Casaprima es Licenciado en Historia y Ciencias de la música. Profesor de música que ha venido colaborando con distintas agrupaciones como pianista. Como compositor ha realizado distintos trabajos interdisciplinares con artistas plásticos, preparando instalaciones sonoras, performances y música adaptada a varios proyectos audiovisuales. En esta ocasión realiza una composición que a lo largo de media hora y sin perder su función terapéutica, logra mantener su coherencia musical como pieza independiente. Pieza que se genera a partir del intercambio y apoyo semiótico con el texto narrado por la psicóloga Lourdes Garrido, creando distintos planos simbólicos que guían al oyente, a través de un viaje hacia el autoconocimiento.

www.ingramcontent.com/pod-product-compliance
Lightning Source LLC
Chambersburg PA
CBHW052131270326
41930CB00012B/2844